대한민국 '상위 1%'의 인생역전 지침서 & 훈련법

OWNER SKILL
(오너스킬)

'오너스킬(Owner Skill)'은 왜 만들어졌는가?

사람은 모두 현생에 태어나 한세상을 잠시 머무르다 다음 세상으로의 여정을 떠난다. 예외가 없다. 현생을 머물며 인생을 '주인'답게, '주인공'으로, '선수'로 스포트라이트를 받으며 살다가 갈 것인지, 아니면 박수치는 관객으로 존재감 남기지 않고 살다 갈 것인지 의문을 던지면서, 스스로 그 답을 찾아 인생 주인공으로 우뚝 서고, 지난 삶보다 나아지는, 인생 역전하는 실행법을 남기고자 한다.

'아! 이거다' 할 수도 있고, 때론 갸우뚱할 수도 있다. 처음부터 끝까지 읽고, 핵심을 캐치해 실천까지 이어진다면 반드시 이 책을 접한 날 이후 '나(I)'란 삶이 개선되고 있고, 또 시간이 지나 더 진전이 되어 있을 것이다.

넷플릭스 드라마 〈오징어 게임〉(2021)은 이 사회의 구조적 모순을 크게 2가지로 묘사했다. 바로 '적자생존'·'승자독식'이다. 여기에 재미 요소를 더해 양극화는 심화되고, 경쟁에서 한번 탈락하면 되돌리거나 회복하기 어려운 물질문명, 과열된 경쟁의 시대를 그렸다.

대한민국 콘텐츠의 아시아권 최초 에미상 수상은 한국인의 창의성을 세계에 보여주었다. 기분 좋은 일이다. 대한민국인의 문화적 위상을 끌어올린 사례 중 하나다.

'적자생존'·'승자독식' 현상은 비단 대한민국만의 사회현상만이 아닌, 물질문명 속의 태생적인 현상이기도 하니 세계적인 호응이요, 범세계적 물질문명의 사회현상의 시사성까지 보여줌도 좋다.

여기서 한 가지 의문이 생긴다. 재미로 혹은 기타의 이유로 영화를 보고 나서 '내 삶이 근원적으로 바뀌는가?' 하는 것이다. 안타깝게도 'No'다. 영화 혹은 게임을 만든 주체를 위한 관객에 지나지 않는다. 돈도 쓰고, 시간도 주고, 많은 것을 준다.

〈오징어 게임〉을 시청하거나 혹은 〈월드컵축구 게임〉에서 손흥민 선수가 골을 넣는 장면을 보는 관전자에 머무는 것이 아니라 '나(I)'란 사람이 인생게임의 주인공 되고, 선수가 되어 '골(Goal)'을 만들어 내 인생의 주인공이요, 주전이요, 골잡이로서 내 인생을 즐겁게 바꾸는 것이 이 책이 말하고자 하는 '핵심'이다.

그것을 위해서 영화가 아닌, 게임이 아닌, '자기계발서'의 형태로 만든 것이다.

〈오징어 게임〉을 보고 잠시 즐김으로써 내 현실이 변하지 않는다면 이 드라마는 엄밀히 말해 공급자만을 위한 작품에 그친다. 감독, 배우 등 출연진의 위상이 높아져 국제적인 상을 받아 더 많은 수익으로 이어지지만, 사회의 양극화는 전혀 달라지지 않는다. 이미 성공법을 알아낸 그들은 그 방식으로 또다시 투자자를 모집하고 시나리오는 그들의 영향력으로 사전 홍보·기획해서 궁금증을 유발해 또 다른 성공을 예약할 것이다.

영화, 혹은 게임을 보는 관전자요, 관객이요, 영화관의 주인이 아닌 객은 소비하면서 경쟁에서 승자가 아닌 여전한 패자로 살 수밖에 없는 삶의 도돌이표를 벗어나기란 거의 어렵다.

영화를 통해 잠시 위안은 받지만 문제에 대한 근원적 해법을 찾지 않으면, 우리는 그저 그들에게 박수 치는 존재요, '망각'을 반복하는 소비하는 인간일 뿐이다. 오늘은 '잘 살아야지' 했다가 하루 지나 내일이면 목표를 잊어버리고, 여전히 살던 대로 살며 세상에 만들어진 기존의 교육과 정치와 종교의 한계를 답습한다. 승자독식, 중앙집권, 위계문화 속에서 살아나가는 삶에서 내주어진 위계를 뒤바꾸고 상위의 위계로 진입하거나, 역전하기 위해 선결할 것이 '반드시' 있다. '내 위치'를 아는 것과 '나를 돌아볼 줄 아는 것'이다.

외부로 향한 시야를 내부로 돌려 '나(1)'가 누구인지부터 알아야 한다. 이것을 간과하는 것이 발전을 더디게 하는 요인이다.

'나(1)'의 위치는 어디인가?
오늘의 '나(1)'를 곰곰이 돌아보자.
점차 벌어지는 '양극화' 속 나는 어느 쪽에 속해 있는가? 열심히는 나도 살았는데, 무엇이 문제인가? 왜 기존의 방식으로 해법을 찾지 못했는가?

당신이 어떠한 연유로 이 책을 접하게 되었고, 직업, 나이, 성별 등 어떠한 상태인지는 모른다. 그러나 이 책을 더 읽을 '자격요건'은 딱 1가지가 있다.

'당신은 스스로 삶을 성장하고자 〈간절히〉 원하는 사람인가?'

즉 내 삶을 성장시키고자 하는 간절함이 반드시 있어야 한다.
여전히 살던 대로 살 것인지? 역전을 간절히 희망하는지?
전자라면 굳이 이 책을 읽을 필요까진 없다.

이 책은 세상이라는 무대의 주인공이 될 수 있는 삶을 위한 '훈련 지침서'가 되기를 위함으로 만들었기에, 이미 성장방식을 깨쳤을 수도 있다. 이 책은 인생역전이 필요하고, 노력해 인생의 주인이 되고, 박수받고, 게임의 승자가 되고, 존재감이 있고자 하는 분들에 맞추었다.

인생은 안타깝게도 모두가 승자가 될 수는 없다. 그러나 책을 보고,

나를 알고, 나를 극복하는 노력을 하는 삶이라면? 어제와 다른 오늘, 오늘과 다른 내일을 간절히 바라는 사람에겐 반드시 길과 방법이 있다. 이 책을 읽기 전과 끝까지 읽고 나서의 삶은 분명히 다르다. 일종의 '법칙'을 다방면으로 각인시켰기 때문이다.

그러나 그것에 그치지 않고 그 속도를 배가하고자 함이라면 반드시 실천해야 할 것이 있다. 하나씩 읽다가, 실천하다 보면 그것이 무엇인지 스스로에게서 답이 나올 것이다.

게임으로 치면 'Play Again'을 함으로써, 새롭게 내 의식을 바꿔야 내 삶이 변한다. 내 삶을 손발의 습관부터 하나씩 다 바꾸고 이 책을 접한 오늘 이후부터 100일, 그 뒤 또 100일 동안 바뀌어 나가게 되어 있다.

주어진 시간, 하루라도 이 책을 빨리 접해 먼저 이 지침서의 방식대로 실천하면 그 사람이 바로 타이밍의 '선점'을 하는 것이요, 복잡한 인생의 문제와 답을 스스로 찾아가는 데에 한발 앞서 나감이다. 오징어 게임화되는 현실 속에서 나의 존재감을 되찾는 근원적인 방법이다.

사람은 한 인생을 살면서 단계마다 다양한 문제와 마주한다.

이 문제와 마주하는 것이 사실상 삶이요. 해법을 찾아나가는 것 또한 인간 삶의 지난한 과정이다. 살면서 이 문제를 접하고 대처하며 살아가는 방식 또한 여러 유형이 있다.

1) 문제가 무엇인지도 모르고 살아온 대로 살아가거나 2) 자신은 돌아보지 못하고 타인의 문제만 지적하거나 3) 문제의 해법은 찾았으나 실천력이 부족하거나 4) 문제의 해법도 찾고, 실천까지 해서 문제를 해결할 줄 아는 사람이거나 5) 문제의 해법도 찾고, 실천도 하고, 방법도 알리고, 스스로 바른길을 선택하게 도움을 주는 사람이다.

마지막의 사람이 표현법에 따라 '인생의 고수'요, 내게 필요한 '은인'이다. 그 사람은 반복되는 문제의 도돌이표를 벗어나게 하는 사람이기 때문이다.

‘난 참 열심히 살았는데도 내 삶이 안 바뀐다?’ 기존의 가르침과 실천법, 해결법이 내게 잘 맞지가 않았다는 것이다.

이 책은 해답만 찾지 않고, 실천까지 할 수 있도록 이론과 훈련지침 등 필자의 사례를 소개해 머리와 손발 즉, 가치관의 재정립 지침과 훈련법을 동시에 바꾸는 방식을 취했다.

기존의 문제 해법의 방법론에는 한계가 있어 부득불 이론적인 면, 실천적인 면, 제목 만드는 원리까지 새로 만들었다.

가능한 한 쉽게 이해하고, 쉽게 익히고, 쉽게 적용해, 궁극에는 ‘나(I)’, 내 삶이 변할 수 있도록 했다.

CONTENTS

CONTENTS

제1장

‘오너스킬(Owner Skill)’이란?

Owner Skill

인생주인 되기 위한
'인생역전 지침서'

'제목(題目)' 해설

인생(人生)의 다양한 문제와 이에 대한 해법(解法)과 실천법(實踐法)을 지난 20여 년을 고민해왔다. 우선 '제목'부터 하나씩 풀어나간다. 조금은 '개념'적인 장이다. 처음에는 이해가 안 되면 본문을 개략적으로 거치고 다시 봐도 좋다.

- 오너(Owner): 천간 · 하늘 · 지혜 · 양(+) · 문과형 · 리더십
- 스킬(Skill): 지지 · 땅 · 실천 · 음 · 반복(−) · 이과형 · 팔로우십

세상의 문제 중 가장 큰 원인이 물질(物質)의 속성인 '양극(兩極)화'다. 과거도 그러했고, 현재도 그렇고, 미래 또한 예외 없이 아니 더 벌어질 수도 있다.

계속 심화하는 양극화 속에서 상승 쪽 열차에 탑승하지 못하거나, 기회를 잡지 못한 이들의 삶은 고통의 연속이다.

양극화 속에서 생존해야 하는 것도 인간이다.

양극화를 줄여야 보편 다수의 인간 삶이 행복지수를 높일 수 있다. 정치에 기대를 하나, 정치가 내 삶을 역전시키는 것은 사실상 어렵다. 좌, 우의 정책에 기대를 하나 순간을 연명하는 호구적인 조처일 뿐 근원적인 내 삶을 변화시키는 조치는 어렵다. 기대만 하다 오히려 실망하고, 내 삶을 바꿀 소중한 시간만을 허비할 수 있다.

정치는 그곳에 참여하는 사람들의 공통점 중 하나가 그들에겐 표가 필요하고, 돈(예산)의 영향력과 권력을 가지고자 하는 사람들의 명분 싸움터라는 것이다. 정치로 내 삶을 변화시키는 속도보다 그 시간양의 변화 속에 내 자신을 바꾸고 극복해서 성장시키는 것이 훨씬 더 빠르다.

'나(i)'를 객관적으로 곰곰이 되돌아보자!

이 양극화가 벌어지는 속에서 역전이 필요한 입장에 처해 있다면? 안타깝게도 시간이 지나가면, 지나갈수록 되돌리기가 불리하다. 인생을 주인답게도 폼나게도 살고 싶은데, 점차 어려워진다.

이 근원적인 실상은 대부분 잘 언급하지 않는다. 왜? 대단히 어려운 문제이기에 대처방법이 대단히 한정적일 수밖에 없다.

돈도, 건강도, 나중에는 멘탈도 노화가 오면서 빈부의 격차에 따라

현저한 삶의 질이 차이가 나는 것도 이 근원적인 방법을 익히고, 따라 잡았느냐에 달렸다.

특히, 대한민국의 유례없는 '입시경쟁'은 이 사회, 양극화의 삶에서 조금이라도 상위 위계에 진입하고자 하는 대한민국 생존경쟁을 여지없이 보여주는 한 예다. 수십여 년 되풀이되는 가히 세계 최고의 경쟁터다. 대한민국보다 입시경쟁이 치열한 곳을 보았는가? 앞으로라도 이 입시경쟁이 완화라도 되리라고 보는가? 아니다.

흙수저 출신으로 기업에서 성장(개발)방식을 훈련해 개인적으로는 양극화 속 '대한민국 상위 1%' 진입은 했지만, 사회구조적인 모순, 어떻게 하면 개인과 가정의 삶을 반전시킬 수 있을지 고민하며 다각도로 접근해 만든 이 책에 실천의 방식들을 남겼다.

누군가의 삶, 환경을 바꾸는 것은 마음과 지원과 무수한 조언과 방법에도 한계가 있다. 습관의 되돌이표로 잘못하면 같이 빠진다. '나(I)' 스스로 간절히 바라고 절감해야 역전하고 바꾸고, 실천하는 것만이 궁극의 답이다. 그 과정을 갈 수 있도록 만들었다.

필자가 더 이상 물질 상승에 연연하지 않을 수 있게 되면서 투자 등에 주력하기보다 '양극화의 본질적인 문제와 해법과 실천법'을 더 찾기로 방향을 틀었던 지난한 과정의 2차 요약이다(1차는 《하트에너지》 참조).
어찌 보면 좀 색다른 삶이다. 물질의 위계를 올리고자 훈련해온 개발의 삶에서 물질만이 해법이 아님을 알고는 '정신+물질'을 동시에 올려 보고자 하는 삶으로 전환했다. 그러나 아직은 필자와 같은 삶을 주위 에서 많이 보질 못해 오해도 받고, 시행착오도 많았다.

한때 이 구조적 문제를 정치로 풀 수 있을지 궁리해 보았지만, 정치 시스템의 위계 구도에 잘못 들어가서는 근원 문제를 풀기 어렵다고 판 단했다. 또 스스로 방법을 찾지 않고 누군가의 지원으로 쉽게 해결한 문제들, 가령 세금의 지원 등으로 인해서는 미봉책이다. 삶의 도돌이표 로 다시 원위치 된다. 원인 해결을 하루라도 빨리 시작해야 인생 후반 부가 여유롭다. 양극화를 따라잡을 수가 있는 것은 절대 '시간양'이기 때문이다.

자유, 민주, 물질주의 사회에서 양극화의 문제는 발생할 수밖에 없 다.
이 문제는 필연적 산물이다. 타고난 출발의 차이도 있지만, 인생 후 반기에 이르면 그 차이는 '깨우쳐 방법을 훈련해 실천'하는 사람이 있 는가 하면, '모르는 사람'의 각기 다른 시간이 누적되면서 양극화가 심 화되는 것이다.

양극화 문제를 고민하다, 궁극에는 양극화 속에서 살아남는 방법에 대해서 책으로 남길 수밖에 없다는 것을 본문을 다 읽으면 더 이해가 다가오리라 믿는다.
결론적으로 스스로 노력하고 훈련해야지만 내가 머리에 각인되어 예전과 같은 상황이 오더라도 선택하고 판단해 내 삶이 바뀌고, 말짱 도루묵이 되지 않는다.

자기계발서를 읽는 독자라는 '노력'이 수반되는 사람만이 내 삶을 바꿀 수 있다. '나(I)를 아는 것이 먼저다'. 단계에 따라, 때론 나 자신의 '단점'까지 극복할 일이 반드시 온다. '나(I)'를 바꾸는 것, 시작은 조금 어려워도 근원 해법이란 것을 시간의 힘으로 '작은 성공의 맛'을 '경험' 해 보면 반드시 안다.

대부분은 이 고비를 못 넘기에 여전한 삶이다. 도돌이표다.

또한, 세상의 양극화 속에서 살아남는 역전 방법서를 남기고, 확산시킨 다음, 여전히 필자는 다시 주어진 시간과 일상에서 일상의 역할로 되돌아 갈 것이다.

여러 가지 시행착오 속에 이젠 출간할 여건도, 타이밍도 되었다고 판단해 가닥을 잡았고, 정리해 新 '대한민국 修身書'《하트에너지》(2016)에 이어 후속작으로《오너스킬》을 新 '대한민국 濟家書'(2023)라 별칭하면서 출간키로 했다.

나와 가정이 바뀌고 역전하는 이야기에 맞추어 집필한 사례들, 훈련법이다.

이해하기 쉽고, 실천하기 쉽고, 궁극에는 삶이 바뀌는 것을 체험시키고자 함이다. 이를 알기 쉽게 설명하고는 있지만, 처음에는 조금 생소한 용어가 나오더라도 해당 학문 분야의 가장 쉬운 용어다. 지루하지만도 않게 나름 새롭게 '인생 역전 지침서'로 남겨봤다.

우선, 몇 가지 인간세상 이치 중의 '불가변의 핵심'부터 본격 시작한다.

❖ 핵심 1: '양면(兩面)'의 파동(波動) 움직임

양면의 대치와 움직임, 변화이다. 위, 아래뿐만 아니라 좌, 우도 있다. 정신(이념)과 물질(돈), 이론과 실천, 남과 북이라는 대치상황, 내 안의 이성과 감성, 이기와 이타의 지향까지 '서로 다른(反)' 속성을 설명하는 것이 보편적으로 '음양(陰陽)' 이론이다.

음양 이론에는 목·화·토·금·수 라는 '오행(五行)'의 순환과 흐름의 변화도 있다. 개인의 타고난 특성적인 요인이 태어난 시간을 기준으로 이 오행의 다름으로 보기 때문이다.

하늘(天)과 땅(地) 사이(間)에 사람(人)이 있다. 즉, 인간(人間)은 공간(空間)과 시간(時間) 가운데 위치해 태어나 올바르게 생존해 나가기 위해 세상 이치를 익혀야 할 핵심 중의 핵심이다.

'머리'가 오너라면 '손·발'은 스킬이다. 좋은 '생각'(천간)만 가졌다고, 이론과 이치만 깨쳤다고 세상은 원하는 것이 이루어지지 않는다. 때를 알고 부단한 손과 발(지지)의 움직임, 실천궁행(實踐躬行)의 반복이 이루어져야 온전함에 이르고, 필요함을 얻고, 목적지에 다다른다.

인생의 주인(主人), '오너(owner)'는 훈련을 반복해야 도달하고 유지된다. 오너와 기술적으로 융합해 생각과 몸이 반응하는 훈련이 된 것을 '스킬(skill)'이라 이른다.

기업은 직원에게 '오너십' 즉, '주인정신'을 강조한다. 주인정신을 가지라고 교육한다. 리더십 훈련, 팔로우십 훈련 등 직무교육을 한두 번 하다 보면 '나는 봉급쟁인데 무슨 주인정신? 주인을 시켜주고 주인정신을 가지라 그래'라고 반발하는 이들도 있을 테고, 순응하고 응용하는 이들도 있다.

순응과 반발은 각자 받아들이기 나름이다.

필자는 개발사업에 종사하면서 한때 워커홀릭 소리도 들었고, '사람(人)'에 관심이 많아 '나(I)'에 대한 궁금증을 풀어가는 데서부터 시작했다. 그러다 생각의 뿌리에 관해 하나씩 공부를 하다 보니 한 가지 방식으로는 해소가 되지 않았다.

홍보, 브랜드 네이밍(화운트빌, 센트럴 타운, 파크타운 등)을 하면서 명리, 손금, 전생, 풍수 마케팅 등을 응용해 아파트분양 현장에 도입하기도 했다.

'나(I)'를 공부하는 것에서 시작해 내 삶을 개선하고, 누군가에게 현실을 바꾸는 데 도움이 되는 해법을 남기는 것 또한 현생에 태어난 삶의 목적 중 하나임을 공부를 하면서 알았다.

세상에는 인생을 푸는 각가지 방식의 정진하는 은둔의 고수들도 많고, 여러 가지 각기 방식의 학문적 주된 시야가 있다.

이론을 위한 이론, 그쪽 업역에 공부하는 사람들을 위한 이론도 많다. 잘못 빠져들면 학문의 바다에 허우적거리고 그 늪에서 헤어나질 못한다. 즉, 모르니만 못한 것도 많다. 현실개선에 도움이 안 되면, 안 하느니만 못한 것도 많다는 것이다.

그 이유는 '나와는 잘 안 맞는 방법, 조치 등이기 때문'이다.

필자는 그것을 경계했기에, 현실에 응용할 수 있도록, 응용하고, 적용하고, 내 현실이 바뀌는 것으로 관건을 삼았다. 실용적인지가 관건이다.

'Who am I?' '나는 누구인가?'에 대한 물음에 대한 답으로 서양철학과 동양철학을 망라해 수천 년간 인문학적 질문이 이어져 왔다. '나(I)'를 알고자 하는 수많은 공부 중 이 공부가 가장 나를 아는, 나를 묘사하는 학문에 근접했다는 표현을 하기 위함이다.

개략적으로 조금 더 요약하겠다.

❖ 핵심 2: 음(陰-)양(陽+)과 오행(五行)을 '나(I)'에 적용

한 사람(人)의 과거·현재·미래를 유추하는 해석에 대한 공부 중 흔히 타고난 '팔(8)자', 생년월일시라는 사주팔자라는 명리적 해석이 있다.

음양(陰陽)과 오행(五行·木火土金水)의 특성으로 축약한 해석으로, 여기에는 갑을병정(甲乙丙丁)으로 이어지는 열 개의 '천간(天幹)'과 자축인묘(子丑寅卯)로 이어지는 열두 개의 '지지(地支)'로 이루어져 한 사람의 일간(日幹)과

일지(日支), 즉 '간지(幹支)'로 해석하는 것은 어렵지 않게 익히고 또 익힐 수 있을 것이다.

천간(天幹)이 하늘의 기운을 받고 연계한 머리의 '생각(spirit)'이라면, 지지(地支)는 땅의 기운을 받고 연계한 손과 발의 '실천력(skill)'이다.

또, 천간은 이념, 생각, 사고방식, 가치관이라면, 지지는 실천, 반복 훈련이다. 양파동의 다름으로 구분하듯이 천간과 지지는 하늘과 땅, 머리와 손발이다.

이 시대는 생각만 가진다고, 의욕만 앞선다고 주인이 되는 시대가 아니다. 때가 이르러야 하고, 주인의식을 감당하고, 유지할 수 있어야 한다. 또한, 정신이 지배하던 시대를 지나 지금은 정신과 물질이 함께 요구되는 시대다. '머리와 손발' 이치를 깨치고 부단한 반복의 실천력이 동시에 요구되는 시대다.

이 유례없이 복잡한 대한민국이라는 과잉경쟁의 현실의 삶 속에서 마땅히 시대에 맞는 '새로운 증진법'이 필요하다. 그러므로 필자는 천간의 이념과 이론과 실천력, 지지의 개념을 적용해 요약했다.

'오너'가 천간의 주인의식이라면 '스킬'은 지지의 실천이다. 이 두 가지가 조화를 이루어야 인생의 참주인이 된다.

지금까지는 주로 심리학과 연계된 자기계발서가 주류였다. 그러나 이는 보편적으로 적용될 뿐이지 개개인 맞춤으로는 한계가 있었다. 그렇기에 개개인의 특성을 적용한 자기계발서가 필요하다.

개인의 차이를 소명한 학문 중 수많은 현대 심리학으로 연계된 진단법(MBTI)이 있으나, 측정 당시의 심리상태에 따라 달라진다는 한계가 있어 명확한 특징적인 구분이 어렵다. 그렇게 조금 더 다른 방법을 찾은 것이 '명리학'이었다.

음양오행과 자기계발을 응용하고, 부존자원이 부족한 한반도 태생의 속성에서 대륙문화와 해양문화, 동양문화와 서양문화를 동시에 받아들여 '한글'과 '영어'와 '한자'를 병용했다. 기업에서 브랜드 네이밍을 하기도 했기에, 제목을 만드는 과정을 거쳤다.

그러한 방식을 응용해 만든 것이 '인생주인, 오너스킬(Owner Skill)'이다. 이에 대한 풀이와 실천서 겸으로 지난 1권에 이어 이 책을 통해 하나씩 풀어나간다.

'오너십'에 있어서 과거 시대는 천간, 즉, 의식, 정신을 강조한 시대의 소산이라면 이 시대는 그를 통한 '손과 발', 실천의 'Owner Skill' 훈련이 필요한 시대다 보니 이에 맞춰 새로운 실천적인 훈련서는 시대적 요구다.

현실을 개선코자 이 책을 접했을 터요, 주어진 곳에서 내가 처한 곳에서 실천하는 사람만이 궁극에는 인생의 주인공이 되기 때문에 '地支'의 개념이다.

현실은 생각만으로 그다지 쉽게 바뀌지 않는다. 경제현장에서 부를 이루는 실제 주인은 경제학자나 이론가보다도 현장에서 도전하고, 실천하고, 두 발로 걷고, 뛰는 사람들이다. 또 가르침에 의해 바뀌는 것은 한계가 있다. 또 인식 내공에 따라 가르침의 방식은 부작용도 발생한다. 위계 구도의 '가르침'이라 하면 요즘 시대엔 '꼰대'란 소리 듣기 십상이다.

세상은 방향 제시 역할만 할 뿐, 부족함은 스스로 찾아서 배우고, 반복하는 훈련을 해야 망각의 뇌가 각인한다(그 이치는 《하트에너지》에 다양하게 남겼다). 자기계발의 동기부여의 책이 가르침 주는 방식이 아닌, 스스로 하는 자기계발인 것이다.

그러기 위해서는 '주인정신(오너십)'의 각오가 필요하다.
그래서 멘탈도, 긍정의식도 중요함이나, 반복하는 손과 발의 훈련과 실천은 더 중요하다.
주인정신(오너십)을 가지고 실천한 훈련이 몸에 배어 스킬이 되어야 오너가 된다. '반복(Repeat)'된 훈련으로 오너가 되고 또 지속하며 패턴을 유지해야 한다.

오너십은 마인드요, 생각이요, 천간이요, 목의 속성이라면 '오너스킬'은 천간에다 손발의 훈련이요, 지지를 결합해 반복하는 '금'의 속성이요, '결실'의 속성이다.
그 스킬을 익혀야 몸과 마음의 주인이 되고 공동체의 주인이 될 수 있다.
조직에 있다면 당장은 내 집, 내 사업의 주인이 되기가 어려우니 조직 생활을 익히는 동안 단계적으로 내 마음과 몸의 주인이 되어야 한다. 준비가 되었을 때 독립도 하고 시간의 주인이 되는 시기도 분명 온다. 그 훈련법을 담았다.

'천간(spirit)'적 개념, 즉 내 안의 '긍정'과 '부정' 중 긍정의 에너지를 사용하고 충전하는 방법을 《하트에너지》(2016)에 남겼다면, 후속편인 《오너스킬》은 '천간(owner)+지지(skill)'적인 개념, '현실의 주인·Owner 오너·소유자'로서의 Skill 실천서다. 또한 양(+)과 음(-)을 골고루 훈련함이다. 체질로 구분하는 시각이라면 '음양화평지인'을 지향(志向)함이다. 타고난 체질 구분법은 정해졌다는 시각이다. 음양이론에서 출발함은 같으나, '내 기질 요인을 알고 후천적으로 나를 바꾸고, 극복한다는 관점'이기에 어떤 측면에서는 조금 다르다. 모든 인간은 타고남의 부족과 불균형은 시각이 같다. 이제마 선생은 치유의 시각, 즉, '음양화평지인'은 완전하여 약이 필요 없는 경지의 사람으로 보았기에 사체질에는 없는 조화된 사람이다. 오행으로는 토(土)요, 중용, 중행, 중도, 평정 등과 같은 맥락이다.

'오너스킬'은 어느 한쪽의 불균형, 부족함, 내 성향을 알고 스스로의 노력과 후천적 훈련에 의해 치우치지 않는 완전함으로 나아가고자 함이다.

간략하게 '오너스킬'에 함축된 인문학적, 철학적 개념을 요약했다.

2023년은 전례 없는 불투명의 연속이다.

금리, 환율, 외교, 안보 등 나날이 새로운 변수와 예기치 못한 일이 발생하는 한반도란 지리적 특성에 태어난 이 땅의 국민 한 사람으로 미래의 불확실성에 대처한다는 것은 쉬운 일은 아니다.

그럼에도 대처의 내공을 펼치기 전에 미리 익혀온 이 방식을 응용, 이 시대의 변수에 대응하는 한 방편으로 삼아 내공을 키우는 것은 직장인, 기존의 오너 모두에게 적용할 수 있게끔 만든 인생의 주인 훈련법이다.

'오너스킬(Owner Skill)' 축약

'인생주인', 인생역전훈련법·인간·시간·공간의 주인 되는 훈련법이다. '계층'의 이동과 어디서나 '인생주인'이 되는 이 시대 新 '제가법'이요, '수처작주 입처개진'의 실천방법서다.

❖ Owner Skill 3대 핵심스킬

- 인(人): human skill
- 시(時): time skill
- 공(空): space skill
  ➡ '반드시(必) 스스로(自) 익힐 것(習)'

❖ 인간의 주인 skill

- 내 몸의 주인
- 내 마음의 주인
- 누군가와 경쟁 & 공존의 주인
- 공존의 관계
- 훈련방법
  - '生의 Up' : 기생 ➡ 자생 ➡ 공생

– '存의 Up' : 의존 ➡ 자존 ➡ 공존 ('200시간 법칙' 적용)

❖ **시간의 주인 skill**

- 시간 양의 주인(목표 도달 시간)
- 시간 타이밍의 주인(적정시간, 선점)
- 시간 반복 패턴의 주인(오르내림, 파동 이치 속 변곡점의 시간 포착, 투자의 타이밍)
- 훈련방법: '200시간' 법칙(2시간×100일)

❖ **'공간'의 주인 skill**

- 내 공간의 주인
- 아파트, 상가 등 부동산의 주인
- 내가 속한 나라의 주인(수처작주 · 입처개진)
- 훈련방법: Goal ➡ Go ➡ Stop ➡ Repeat

❖ **Owner Skill Master**

부·건강·지혜·처신·관계·자녀독립·100세 인생대비(오복+@ · 新 Golden Triangle)

이 훈련이 되면 양극화의 세상에 고통받는 위치에서 벗어남은 물론, 궁극에는 인간·공간·시간, 하나하나가 분리되지 않고 궁극에는 하나로 융합, 일체화됨의 단계에 이른다.

처음 출발순서는 관계없다. 내 '간절함'이 각기 다르기에 '하루 2시간' 부터 출발한다.

❖ 공통된 훈련법

- 'Goal 〉 Go 〉 Stop 〉 Repeat'

Goal : '간절함'에서 시작

Go : Step by Step

Gold : 궁극에는 금전이든, 건강이든, 존재감이든 이 방식이 누적되어야 한다.

오너스킬에 개인의 상태, 우선순위, 간절함에 따라 하나씩 목표로 시작한다.

각기 다른 세부적인 훈련이 필요한 사람, 타고남, 혹은 업역 훈련이 되어 있을 수도 있다. 특히, '공(空)스킬은 공간의 주인, 내 집의 주인 되는 것, 지역, 위치에 따른 '양극화 발생의 가장 도달 난이도가 높은 내공'이다. 그럼에도 대한민국이란 한반도란 특성, 중앙과 지방의 특성, 정책의 특성에 따른 공간의 내공은 부단한 훈련과 스스로의 노력이 수반된다. 세입자에서 내집마련을 '목표(Goal)'로 삼아 내공을 키우는 훈련이 필요하다. '목표'라는 간절함이 있으면 내공 키우는 방법을 스스로 찾아가게 된다. 도처에 방법은 많다. 종잣돈부터 불리는 훈련을 하려면 목표에 도달하는 데 걸리는 시간과 부단한 내공이 필요하다. 그에 대한 해법과 실천법이 어떠함인지에서 찾는 것이다.

투자의 내공이 타이밍이라는 단계에 이를 때까지 오르내림의 변화도 반드시 겪어봐야 한다. 그리해서 핵심변곡점을 잡는 단계까지 익혀야 한다.

무엇을 할지? 실천 목표를 강력히 삼아 눈앞의 내 집의 주인 여부는 시간 정진이 지나 차이가 난다. 또 아파트든 토지든, 상가든, 경·공매든 간절한 목표가 있다면 이를 실행할 세부적인 진전법은 많다. 다양한 카페, 투자자 모집, 실전카페 등이 많다. 그곳을 참조하기 바란다.

인생의 양파동·변수 속 게임 참가자 같은 패자가 될 것인가, '오너스킬(Owner Skill)'을 익혀 인생을 주인답게 살 것인가는 '나(I)'의 선택과 부단한 내공의 실천에 달렸다.

적자생존, 승자독식의 양극화 시대에 대한 문제의 나열이 아닌 '해법'이요, 인생주인 스킬을 키우는 지침이다.

필자는 살면서 발생한 문제의 나열이 아닌 근원 해법을 찾아 나선 삶이다. 기업에선 미분양해법 등을 고민하고, 서울시, 1기 신도시 및 수도권 동시분양 주간사, '화운트빌'·파크타운·센트럴타운 등 아파트의 브랜드 네이밍을 직접 만들었다. 독립 이후 먹고사는 문제에 대한 해결이 급선무였기에 대한민국 '상위 1%'에 도달 이후는 사실상 인생의 각가지 문제를 푸는 데에 관심을 가졌다. 일부는 풀고, 일부는 아직도 문제의 해법을 찾아가고 있는 진행형 삶이다.

이 물질의 문제해결 이후 인생 전반기의 주인이 되는 삶에 관심으로 2016년 《하트에너지》에서 긍정에너지 사용법으로 7포세대 청년기(인생 전반기)의 해법을 남겼다. 그리고 지금 오징어 게임화되는 이 시대를 살아가기 위한 인생 전·후반기의 문제와 그에 대한 인생역전 해법서를 남기고 있다.

《하트에너지》 이후 7년, 세상의 '양극화 문제'는 심각하지만, 양극화를 푸는 방법이 아니라 이 구조 속에서 스스로 삶의 문제를 대처해야 한다.

정부의 각종 지원금은 근원 해법이 아닌 일시적 호구책이다. 그 방식의 지속은 나라의 곳간이 비어가고, 잘못하면 자립 의지를 떨어뜨릴 수도 있다.

물질적 고통에서 스스로 동기부여에 훈련, 자기성찰, 극복노력을 통해 익혀서 빠져나오게 하는 방법이 바로 '근원 해결책'이다.

'스킬'은 기술이다. 부(富)도 축적된 기술이다. 집주인도, 내 몸도 내 마음도, 내 나라도 주인의식을 통해 스킬을 키워야 제대로 된 주인이 된다.

게임하듯 재미있게 '스킬'을 키우는 훈련법으로 Self Helf와 Skill Up 이 있다.

Self Helf

인생 문제 해법을 알기 쉽게 풀어서 따라 하면 해결할 수 있는 방식이다. 1차적으로 《하트에너지》에서 무료에너지 충전법을 소개했다. 이제 《오너스킬》을 통해 스스로 인생의 주인이 되게끔 유도하고 실질적 삶이 개선될 수 있도록 했다.

❖ 훈련방법: Skill Up, 스킬이란 기술이다

하다 보면 잘하게 되고, 시간이 단축된다. 내가 가진 시간을 역산해서 필수시간 이외는 남는 시간을 하나씩 인생의 문제해결의 순서를 정한다. 도달 이후 또 다른 문제를 해결하는 (Goal>Go>Stop>Repeat) 과정의 반복이다.

주인 정신의 생각이 오너십이라면 손발의 실천은 Owner Skill이다.

새해를 맞이하면 담배를 끊고 살을 빼야겠다고 생각은 한다. 각오는 하는데, 하루가 지나면 잊어버린다. 사람은 망각의 동물이다. 그래서 작심삼일(作心三日)이란 말이 나왔고, 이 작심삼일을 바꾸려면 각오를 더 다지고 매일매일을 최우선 순위로 실천을 해야 한다.

스스로 구체적인 실천법을 가져야 바뀐다.

뇌는 아침에 눈을 뜨고 그날의 Goal, 간절함을 되새기는 훈련을 3개월은 해야 바뀐다(더 큰 문제는 3년도 한다. 100일 기도, 1,000일 기도, 10,000일 기도도 한다).

뇌의 각인과 동시에 습관, 행동까지의 변화 기간이 3개월이다. Owner Ship에서 Owner Skill로 바뀌는 시간은 최소 3개월을 지속해야 하나씩 내 몸의 습관으로 붙는다.

이것을 반드시 한 번만 성공시켜 보면 "아! 이거다" 하는 날이 올 것이다. 지속하다 보면 습관이 생기고 바꾸는 방법이 보인다. 우주에서의 영감이 스스로에 답을 준다. 그전의 드문드문 스친 퍼즐들이 하나씩 맞춰진다.

생각(spirit · 천간)은 사람들의 타고난 지적능력(기억 · 판단 · 응용)보다는 감정의 동요로 인해 일을 수행하는데 장애가 많다 보니(우울 등 갖가지 마음의

^{고통)} '하트에너지'로써 양파동 혹은 음양 혹은 밝음과 어둠, 긍정과 부정 중 타고난 생각과 감정 중 긍정 사용 훈련법을 남겼다. 지금은 행동·실천력·손발(Skill·지지)의 훈련법이다.

특히, 타고난 기질이 혼선되는 좌우로 목표가 불분명하게 방황하는 기질이 있다면 일관된 목표로 이르게 하는 훈련법이며 실천법이다. 명리적으로 천간과 지지의 훈련법이다. 타고남이 중화를 이룬 사람, 토가 많은 이들이 간혹 있다. 이들은 생각보다 실천력이 탁월하다. 지지훈련을 할 필요가 적다.

❖ 내 간절함이 무엇인가?

➡ 골(Goal) 〉 고(Go) 〉 스(Stop) 〉 리(Repeat)

인간·공간·시간·에너지의 원리를 몰라 삶의 주도권을 뺏겨 에너지와 시간과 인간관계와 모든 것을 담보로 익숙지도 않은 오징어 게임을 할 것인가?

몇 가지의 인생주인 되는 원리를 익힌 후 오너를 위한 "인생주인" 스킬을 익힐 것인가?

내 삶의 간절함에서 오는 선택이요, 실천이 주인, 오너를 만들어 준다.

훈련법은 '시간'의 반복패턴을 익히기 위한 방법이다.

- Goal 〉 Go 〉 Stop 〉 Repeat
- Step by Step 한 발자국 한 발자국 진전의 힘
- 인간 공간 시간(타이밍 & 양 & 패턴)
- 식습관 운전(마음, 몸 건강유지법)

'변화의 100일'을 위한 세부실천

새로운 목표를 100일 동안 변화를 만드는 초기 1주일의 실천적 방안이다.

▎변화습관을 만드는 7일 Step

❖ 1일차 Step, 목표(Goal) '나'의 나아지기 위한 간절함에서 출발 (Go)한다.

인생은 한 방에 이루긴 어려워도 한 방에 가기는 쉽다. 무엇을 이루려면 한 발짝씩 나아가다 보면 진전 '습관'이 붙는다. 그다음엔 가속이 붙는다. 힘이 점차 적게 든다(목표: 경제적 변화, 식습관 변화, 새해 소망, 금연, 책쓰기 등).

❖ **2일차 Step**, 변화실천을 기록한다.

노트나 메모장 또는 스마트폰에 한 가지씩 기록하다 보면 새로운 계획을 세울 수 있다. 이것은 세상에 태어나 떠날 때까지 가장 생동감 있게 자신을 살아있도록 만든다. 정체되고 목표를 잃어버리면 육체와 마음이 병든다.

❖ **3일차 Step**, '육체·정신·물질' 삼위일체를 곱하면 성장이 배가된다.

건강하지 않다면, 정신의 업데이트 없다면, 물질의 곤궁한 인생과 독려와 자기계발은 순간의 마음 마취제에 지나지 않는다.

변화가 삼위일체가 되게 매일매일 운동하듯이 육체·정신·물질을 훈련시켜야 한다.

❖ **4일차 Step**, 중간에 'Step'이 'Stop'이 되지 마라!

가장 넘기 어려운 날이다. 대부분 작심삼일을 넘기기가 어렵고, 4일이 거의 데드라인이다. 하지만 이때 멈추면 스텝이 꼬인다.

Never, Never, Never Stop!

Stop은 목표 도달 이후 잠시 쉬어가는 시간에 행해야 한다.

정진, 업데이트하고, 고비가 오더라도 목표한 바를 절대 포기하지 마라!

가다가 실패는 실패로서의 교훈은 있으나, 중간의 포기는 아무것도 없다. 또 다른 포기의 재생산만 촉발한다! 이건 법칙이다.

중간 포기는 습관이다. 습관으로 익숙하지 않게 하고, 가다 돌아가도 되나, 아예 멈추어서는 안 된다. 목표의 간절함을 다시 되새겨라.

❖ **5일차 Step, 4일째를 넘겼다면 습관으로 이어지는 지점이다.**

오늘부터 100일을 지속하면, 운명변화 습관의 틀, 지속력의 기틀이 잡힌다. Skill의 본격 출발할 수 있다.

운명의 변화 단초가 바로 '나'의 실천이다. 나 자신과 싸워 종전의 자신을 이기는 습관을 들여야 한다. 지속력은 성공적인 변화의 관건이다.

❖ **6일차 Step, 시작하기에 너무 늦을 때란 없다.**

인생은 60부터일 수도 있다. 끝까지 가기 위해 반복하고 스스로 계속해서 육체·정신·물질을 공부하고 매일 매일 100일 차가 될 때까지 업데이트하라! '지속'의 힘에 답이 나오고, 더 좋은 아이디어가 나온다.

❖ **7일차 Step, 변화실천을 우선 100일을 성취하라.**

1주(7일)차가 되면 1차적 습관이 이뤄지고, 3주(21일)가 되면 습관이 붙고, 2달(66일)이 되면 몸이 각인한다. 3달(100일)이면 생각과 몸과 마음이 바뀐다.

100일의 성취훈련이 있으면 1,000일, 10,000일은 어렵지 않게 그 방식대로 이어진다. 변화의 원리다.

난이도와 도달 시간에는 차이가 있다. 나를 바꾸는 훈련을 한 번도 해 보지 않았다면 딱 1주일만 훈련해 보라!

필자는 2013년 이 '변화의 100일'이란 내용으로 카카오스토리에 글을 하나씩 남기고, 3년 뒤 2016년 3월 《하트에너지》를 출판했다. 글을 쓴 지 1,000여 일 만이다.

이후 이 방법과 '간절함'을 가지고 Goal Go Stop Repeat을 적용해서 두 번째 권인《오너스킬》을 진행 중이다.

이 또한 수시로 남긴 메모 등을 토대로 2022년 10월 22일 이후 '100일을 목표'로 마무리 교정과 출판사와 선정 등을 진행했다.

오너십 & 오너스킬의 시대

무언가를 이루는 데는 멘탈이나 각오도 중요하지만, 실천하는 것이 가장 중요하다고 누차 언급하였다.

실천은 손과 발의 반복된 훈련이 없이는 가시화되지 않기에 더 초점을 맞춰야 한다. 현실을 바꾸는 것은 '생각(spirit)'만으로 이루어지지 않기 때문이다.

도처의 경제적인 부를 이뤄낸 주인은 생각과 논리를 만드는 경제학자나 이론가보다도 현장에서 뛰는 실천적인 행동가(Skiller)들이다. 의식주 중 주거의 빈곤으로 세입자로서의 설움도 겪어보아야 강력한 소유의 욕구가 생성되며 각오가 생긴다.

또 발품도 팔고, 부동산스터디 카페에도 가입하고, 임장도 하고, 사고, 팔고, 오르내림을 경험하고, 다양한 계약서를 직접 써 보아야 케이스 바이 케이스의 내공이 생긴다.

주인 정신(오너십)도 구체적 훈련이 필요하다. 주인 정신(오너십)을 가지고, 훈련하고 스킬이 되어야 오너가 된다. 반복(Repeat)된 훈련에 의해 오너가 되더라도 유지를 한다.

오너십이 마인드요, 생각이요, 천간이라면, 오너스킬은 손발의 훈련이요, 지지요, 반복하는 금의 속성이요, 결실의 속성이다.

양극화와 더불어 적자생존, 승자독식의 오징어 게임이요, 하나를 잡으면 하나가 튀어나오는 두더지 게임화 되어가는 시대의 양극화 속에서의 불리한 여건과 위계 혹은 빈곤 탈출, 인생역전 지침서로 남기기 위함이다.

불투명한 현실, 경제난, 쉬이 예측이 어려운 게 삶이다. 직장인, 오너 모두에게 자극이요, 몸과 마음과 나라의 주인으로 사는 스킬이다.

재물을 스스로 만들지 않는
사람에게는 쓸 권리가 없듯

행복도
건강도
스스로 만들지 않는
사람에게는 누릴 권리가 없다.

– 버나드 쇼 –

'오너스킬'이 강한 민족

인간·시간·공간 중에 '공간'을 개발하는 업종에 종사해온 사람으로서 다양한 사례의 전시, 박람회를 다니기도 했다. 다른 업종의 종사자들도 마찬가지일 테다.

조직에선 성과에 대한 포상을 인사고과와 연봉인상 혹은 여행을 보내주는 것. 당시나 지금이나, 또 앞으로나 별반 다름이 없다.

당시의 근무고과 포상으로 미국 시애틀에서 열린 '빌더즈 쇼(Builders' Show)'는 주택·건설 등을 망라한 박람회 참석이었다. 이후 시애틀, 타코마, 휴스턴, 덴버, 샌프란시스코 등 미국의 중서부 일대를 출장 다녀오면서 미국의 '공간' 테크닉을 벤치마킹하러 갔다가 '미국 주류사회'를 움직이는 유형과 패턴을 볼 수가 있었다.

'공간(空間)'의 궁금증으로 갔다가 '인간(人間)'에 대한 궁금증을 가지고 되돌아왔다. 고난과 박해의 역사를 반전시킨 유대인과 이스라엘이 대한민국의 지난 고통과 필자의 초년 고통이 오버랩도 되었기도 했다. 대한민국 역시 '위기와 기회와 동시에 존재'해 경쟁 속에 성장해온 나라다.

잠시 유대민족에 대해 요약해 본다.

유대인은 전 세계 인구 중 0.2%, 미국 인구의 약 3%에 지나지 않는다. 2000여 년간 학대와 핍박 속에서 유랑생활을 해왔으며, 2차 세계대전에는 나치 학살로 600여만 명의 목숨을 잃었다.

대한민국 또한 6·25 동족상잔의 비극을 겪었고, 나의 아버지도 대한민국 수호를 위해 참전 후 부상, 후유증 등으로 짧은 삶을 마치셨다. 그들은 우리보다 먼저 더 큰 아픔을 겪고 오늘날 미국 4대 언론, 4대 방송, 영화산업, 학계, 문화, 법률, 정치인 등 지적인 능력을 요구하는 대다수의 분야를 망라해 미국의 주류사회를 대부분 그들이 장악하고 있다.

　실질적인 미국 사회의 오너들이 그들이다. 미국뿐 아니라 전 세계의 자본시장을 그들이 장악하고 있기도 하다.

　아인슈타인을 비롯한 노벨상 수상자의 23%, 미국 대도시 로펌 변호사의 50%, 미 상원의원 13% 등이 바로 그들이며, 유대인 1,500여만 명 중 미국과 이스라엘에 약 600여만 명씩, 그 외 유럽 등 세계 각지에 분포되어 있다.

　수치는 변동의 폭이 조금 있을 수 있고, 그들 또한 빈부와 교육 등의 양극화가 있음을 감안하더라도, 소수의 그들이 기나긴 굴욕과 변방에만 존재했던 그들이 세계의 정치, 경제, 문화 등 인간 두뇌를 근간으로 하는 미국이란 세계의 경제, 군사, 안보, 물질의 흐름을 주도하는 현실을 직시해 볼 때, 제반 활동의 메인(Main), 주도자(主導者)로 변한 근원이 무엇이었을까?

　아마도 여러 요인으로 분석할 수 있겠지만, 그 밑바탕에는 힘든 여건을 극복하고자 가족, 핏줄 등을 연계로 한 후천적인 '교육'과 '훈련' 즉 어디에서든 여건을 극복해 주인이 되고자 함의 간절한 욕구(Owner Spirit)에다 실천적 훈련(Owner Skill)을 키움으로써 실용적 '생각'으로 끊임없이 깨치고, 키우는 '훈련'이 복합적으로 작용하지 않았는가? 나름 해석해 보았다.

그들은 《탈무드》 등에서 자극과 깨우치면 알려주는 랍비, 스승의 가치를 최고의 존망스러운 대상으로 삼는 풍토도 한몫한다.

"나를 아는 것은 최고의 지식이다."라고 《탈무드》는 가르치고 있다. 물론, 이 시대는 가르침보다 움직이는 자극을 주기 위함이다.

오너스킬 또한 人·空·時의 축약 중인 스킬의 '나(I)'를 아는 공부가 핵심이다.

이를 위해 명리·손금·전생 등 필자도 무수한 공부를 하고 있고, 나를 알게 하기 위한 자극도 남기는 중이다.

여기에다 교육훈련법 또한 아는 것을 쉽게 가르치고, 설명하는 훈련을 한다. 다른 표현으로 '메타훈련법'으로 불리기도 한다.

세계 도처에서 박해, 위험에 시달리며 생존해오다 보니, 허상이 아닌 경쟁과 삶의 '실상'을 빨리 익히고, '스스로'를 닦으며, 어릴 때부터 가족의 힘과 더불어, 유사시 신속히 움직일 수 있는 소프트한 머리와 실천적 손발의 훈련에 중점을 두었던 것이다.

그들의 국가는 종교적인 동질성의 바탕 위에 결국 '실리적'이고, '경제적'인 사고를 훈련했고, 육체, 정신, 물질을 증대하기 위한 교육을 통해 이루었다.

그간 업무상 혹은 여행으로 다양한 세상여행을 통해 다양한 민족, 다양한 국가, 다양한 이념의 나라들을 보았다. 그럼에도 부존자원 부족하고, 고난을 겪은 공통점에다 특정 종교를 통한 민족이나, '변화'와 '성장'을 위한 이야기에서, 그들의 이야기를 간략히나마 소개했다.

지금, 지구상의 공간을 초월해 인간 생존에는 늘 위기의 상황적 요인이 존재한다. 시련 속에서도 굴하지 않은 유대인의 극복 사례는 많은 시사점을 보여주는 듯하다.

이는 필자가 언젠가 기회가 되면 다양한 관점에서 인생의 이치를 축약해서, 익히기 쉽게 남기겠다고 다짐한 계기였고, 가르침이 아닌, 자기계발의 동기부여의 지침으로 이 책을 써나가고 있다.

이원론적 사고
'양파동'의 시각과 헤르만 헤세

내 젊음의 초상
지금은 벌써 전설이 되어버린 먼 과거로부터
내 젊음의 초상이 나를 바라보며 묻는다.

지난날 태양의 밝음으로부터
무엇이 반짝이고 무엇이 불타고 있는가를.

그때 내 앞에 비추어진 길은
나에게 많은 번민의 밤과
커다란 변화를 가져왔다.

나는 그 길을 두 번 다시 걷고 싶지 않다.

하지만 나는 내 길을 성실하게 걸어왔고,

그 추억은 보배로운 것이었다.

잘못도 실패도 많았지만,
나는 절대 후회하지 않는다.

《나르치스와 골트문트》
- 헤르만 헤세 -

사춘기 때 읽었던 《나르치스와 골트문트》는 나르치스와 골트문트의
우정, 인간의 '양면'을 다루었고, 궁극에는 '공존'을 시사한다.

누구나 내 안의 양면을 지닌 존재이기에 인(人)은 결국 공존(公存)을 의
미한다.

공존의 테크닉을 익혀 이원론적 사상으로 헤세는 소설이라는 문학적
으로 남겼고, 필자는 이 양면(파동으로 해석)을 가지고 '자기계발'로 응용해
축약했다.

이 양파동의 스킬을 익히고, 낮과 밤, 긍정과 부정, 인간의 양면의
모습, 내 안에도, 나와 다른 상대와의 공존을 통해 삶을 진전시키는 방
법이다.

딱딱한, 의식과 손발을 바꾸는 훈련이 수반되고, 수양을 위해서는
이제마 선생의 '격치고' '독행편'과 같은 실천을 요하는 자기계발서에 헤
르만 헤세의 문학을 잠시 소개했다.

잠시 한박자 쉬며, 둘러서 남기는 의미다. 단지, 이원론적인 시각이

필자와 유사함이 있어 헤세의 번역한 글과 《지와 사랑》을 소개할 겸 생각을 간단히 남겼다.

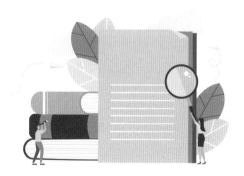

오너스킬 '성장', 이 과정을 따라가라

인생주인 훈련
수처작주 입처개진(隨處作主 立處皆眞)의 실천방법

- 인간 내 몸 〉 내 주위
- 공간 내 공간 〉 내 주위
- 시간 이 순간 〉 하나씩 정진

개인이 처한 환경과 여건이 다르기에 순서는 무관하다. 한세상 주인
으로 살다가는 삶에 대해 필자의 사례 위주에다가 간간이 다른 사례를
엮어 소개하겠다.

공간을 바꾸는 디벨로퍼(developer) 개발사업 종사자였기에 내가 처
한 공간의 세입자에서 주인으로 빨리 변경할 수 있었고, 마침내 공간의
주인이 되었다.

아파트 브랜드에 풍수개념과 氣·福·富의 개념을 가져와 서울 공릉2지구·용인 동천·신봉 등에 도입했다. 이후 필자가 독립해 나온 이후로는 몇 번의 회사 브랜드 네이밍이 바뀐 듯 하다.

세상 공간의 궁금한 곳은 업무차 혹은 여행차 세상 구경도 많았기에 어느 시점 특별한 욕구는 없게 되었다.

시간이 지나 월세, 전세 등의 납부자가 아닌 공급자로 바뀌었고, 이후 시간의 주인이 되면 선택할 수 있는 것이 많아진다.

공간의 주인에서 그 방식을 확대해, 삶에서의 시간의 급함이 없게 구조적으로 하나씩 바뀐다.

시간 양, 시간 패턴, 시간의 타이밍도 훈련함이었고, 그다음 내 몸의 주인훈련이었다.

때론 질병도 온다. 일시적 현상도 있고, 잘못된 식습관과 스트레스가 원인이라면 스스로 내 몸의 주인으로서 섭생 조절을 하는 것이 근원치유다.

인생 후반부에는 치료법이 많다. 콜레스테롤, 혈당 등의 상승을 약으로 다스리는 방식이 아닌 In Put 섭생 훈련을 통해 탄수화물 등 당류의 섭생을 줄이는 방식도 있다.

필자 역시 식이 조절을 했었다. 밥 안 먹고 살 수 있는지 궁금해서 며칠간 탄수화물을 끊어도 보았고, 문제가 되었던 부분이 해결도 되었다. 음식으로 발생한 문제는 음식으로 해법을 찾은 것이었다.

백신으로의 예방법 또한 인풋 조치이나, 필자는 1차만 맞았고, 더 이상 백신을 맞지 않았고, 코로나 시기를 지나고 있다. 4차까지 맞는 방식도 있고, 1차마저도 맞지 않는 방식도 있었다. 백신 접종 또한 각자의 선택이었듯이, 어떠한 상황과 시간에 먹을 것인지, 피할 것인지, 이 또한 자신의 판단에 따름이요, 타이밍과 시간 반복훈련을 통해 결과를 만드는 것이다.

'자기'를 계발하는 필자의 사례를 읽고, 자신을 돌아보고 '자신'에 맞는 방법을 부단히 찾아 나가다 보면 '스스로가 그 해법을 주는' 단계에 이른다.

시간의 힘으로 정진하다 보면 스스로의 내공 또한 분명 바뀌고 현실의 삶 또한 분명 바뀌어 가고 있을 것이다.

우선, Skill을 익히기 전에 내 멘탈을 먼저 보자.
긍정과 부정 중 '긍정'의 생각(spirit)이 충만한가?

❖ **Mental Self Test**

인생을 살아가면서, 특히 인생 후반기 나타나는 현상들이기도 하다.
우선, 나 자신의 상태를 테스트해 보자.

Q1_ 남들이 가진 것을 부러워만 하는 성향인가?

(돈·젊음·재능·자녀 시간이 가면 노화·마음의 질투는 몸까지 병들게 한다. 스스로 노력을 통해 성취하고 멘탈훈련해야 한다.)

Q2_ 아는 것, 가진 것을 움켜쥐고만 있는 성향인가?

(아는 것은 알리고, 인색은 외롭다. 밥사·술사·감사·세금내사로 해결해 보자.)

Q3_ 온종일 부정적인 생각이 나를 지배하고 말로 표현하는가?

(불안한 마음과 초조는 스트레스 위협이다. '존업' 훈련이 필요하다.)

Q4_ 타인에게 의존해야 하는 삶인가?

(의존하기 시작하면 인생은 급격한 내리막길로 향한다. 단계적 존업 훈련을 병행해야 한다. 의존 〉 생존 〉 공존 〉 지존 훈련)

Q5_ 순간의 감정에 주로 의존하는가?

(이성과 시간의 힘, 내공을 키워야 한다. 젊은 척, 아는 척, 부유한 척만 하는가? 또 부러워할 요소를 자랑만이 아닌 '도달의 해법'을 제시하라.)

Q6_ 생각을 행동으로 옮기지를 못하는가?

(실천력 훈련은 인생 후반부로 갈수록 중요하다. 청소부터 몸소 실천해 보라.)

Q7_ 아무 일에나 참견하는가?

(묻는 데만 조언하라. 후원과 격려 혹은 지혜로운 해법을 제시하는 게 좋다.)

Q8_ 자기연민에 빠져 있는가?

(나만큼 고생한 사람, 외로운 사람이라는 생각에 사로잡힌 것이다. 나약함을 극복해 밝은 면으로 승화하는 '양파동' 공부가 필요한 사람이다.)

Q9_ 지금 내 삶이 어디로 가는지 '목표'를 모르는가?

(목표(Goal)를 재정립하고, 자기에게 제일 '간절한' 것이 무엇인지 찾아라. 2시간×100일, 골고스리를 단계적으로 훈련해야 한다.)

Q10_ 실행해도 잘 안 되는 것을 거리를 둘 줄 모르는가?

(거리를 둘 것은 거리를 두고, 효율적인 것부터 하나씩 처리해야 한다. 하루하루의 시간을 새롭게 써야 한다.)

이 중 나의 부정 요인이 몇 개인가?

5개 이상이면 《하트에너지》 통독이 필요하다. 세부적 훈련으로는 '골고스리 훈련 & 존업 훈련'을 반드시 해야 한다. 인간은 멘탈 훈련과 스킬의 훈련이 필요한데, 5개 이상이라면 긍정적 멘탈 훈련을 먼저하고 이 책을 계속 읽어 나가야 한다.

지난 1권《하트에너지》을 참조해도 좋지만, 뒤에 조금 더 언급된다.

감사훈련, 백팔배(百八拜), That's OK(좋아!!)라 외치는 것도 효과가 있다. 끌리는 방법대로 하면 된다.

긍정과 부정 중 긍정사용 훈련은 내 마음의 긍정 기운을 키우는 훈련은 반드시 필요하다.

본문의 내용을 읽어 나가다 보면 '긍정사용 훈련'을 왜 먼저 해야 하는지 이해할 것이라 생각된다.

긍정? 부정? '하트에너지'

하루의 시간은 빛과 어둠이 교차한다. 다른 표현으로 밝음과 어둠의 교차다.

누구도 긍정과 부정의 감정이 교차한다. 인간은 그냥 두면 부정이 내 마음을 뒤덮는다. 끊임없는 자기경계와 멘탈 훈련, 밝은 의식의 훈련이 없으면 부정적 감정으로 내 의식이 나를 갉아먹는다.

텃밭을 그냥 두면 잡초가 뒤덮듯이 잡초를 뽑듯 내 부정적인 마음을 밝은 마음 '긍정'의 에너지로 충전해야 한다.(*《하트에너지》 참조) 필자는 지금도 아침에 일어나 출근 전에 '하트에너지' 충전과 우주의 기운이 주는 감사훈련이요 긍정 에너지 충전을 한다.

반복 행위는 소크라테스가 제자 플라톤의 질문에 답으로 유사한 반복 충전법이 있었다. 각자 방식은 편한 대로 하면 된다. 절 운동이라고 생각하며 '하심(下心)' 가지기도 좋다. 중요한 것은 매일매일 짧은 시간이

더라도 의식을 가다듬고 반복함에서 긍정 기운이 충만해진다.

인생 100세시대다. 인생을 여행으로도 게임으로도, 생존경쟁으로도 본다. 익히고 훈련하다 보면 반드시 잘되는 게임 같기도 하다.

인생이 게임이라면,

- 25세까지 연습기간이요,
- 50세까지는 전반전이요,
- 75세까지는 후반전이요,
- 100세까지는 연장전이다.

나 자신의 생애 주기에 맞추어 남들과 경쟁하는 것이 아니라 나 자신의 습관형성 'skill'이다. 오징어 게임처럼 골프게임처럼 다수가 모여야 하는 것도 아니다. 비용이 드는 것도 아니다.

'긍정' 훈련은 다음의 단계를 따른다.

- 존업(存UP) 단계: 의존 ➡ 생존 & 공존 ➡ 지존급

이 테스트에 기초해 내 생각·내 마음의 주인에 대한 방법이다.

긍정을 사용하는 훈련이다. 지금부터라도 개시하면 이후 삶의 근원이 개선되는 스킬이다. 스스로 명품 인생 만드는 근간이요, 인생주인법의 기초는 생각·천간·마음의 부정과 긍정 중 긍정을 사용할 줄 아는데서 출발한다.

제2장

'나(I)'를 아는 공부

Owner Skill

'목표(Goal)'에 정진하는 삶인가?

'존재감' 있는 삶을 살아가려면 세상을 보고, 이해하고, 대응하는 나의 무기, 나의 약점, 때론 분수, 나를 잘 살피는 것부터 관건이다.

기존의 자기계발서의 한계는 이 나라는 독특한 개성·나의 특징을 간과함이요 필자는 나란 사람의 특징을 아는 공부를 통했고, 결과적으로 '나(I)'를 아는 데 보탬이 되었기에, 이를 응용하고 있고, 명리학·손금학·전생을 복합적으로 공부의 내공을 연계해 자신의 장단점 체득·사람관계·시간 양·타이밍 포착·하나씩 스스로 현실화를 시켜 나가는 것이다.

누군가의 박수부대나 인생의 관전자로 살 것인지, '오너스킬'을 통해 인생 게임의 주인공이 되고, 인생의 주인이 되어 살 것인지는 바로 나 자신에게 달려있고, 그 전초는 내가 누구인지 아는 데 달려있다.

내가 가진 무기, 세상이라는 생존경쟁에 돌파할 장단점이 무엇인가? 하나씩 적어 '간절함'을 가지고 스스로 갈고, 닦고, 만들어나가야 한다. 분명 '나(I)'에게는 누구도 흉내 못 내는 내 안의 독특함이 있다.

그 방식은 외부로 돌린 눈이 아니라, 내부로 의식을 돌려, 나를 더 돌아보는 훈련을 반드시 해야 한다. 나에 대한 정확한 진단·장단점의 객관적 사실을 인지하여 집중하고, 때론 패싱하고, 시간의 주인이 되고 시간 양을 분별해야 스스로 삶을 바꾸는 단초가 될 수 있다.

하나씩, 여러 각도, 앞으로 본문을 통해 여러 측면으로 남기는 이유다. 뇌리에 각인이 되고, 스스로 실천이 되도록 함이다.

다양한 인생문제의 해결방식을 고민해왔고, 또 해결해왔고, 또 해법을 찾는 중인 것도 있다.

인생에는 수많은 고수들이 있고, 나는 어느 한 분야의 고수가 되기보다는 다양한 경험을 하고자 하는 유형이었기에 전문가, 사업가 ESTJ형과 여행가의 기질인 ENFP형이 공존하는 듯하면서 나의 단점을 극복해왔다. 필자의 단점을 보완하는 방법이기도 하다.

한 가지 측면에는 반대 측면의 시각은 반드시 있고, 그 중도적 시각도 있다.

수평의 좌·우도 수직의 위·아래도, 공간의 3차원적 입체도 있듯이 좌파도 있고 우파도 있고 중도도 있다.

- 정·반·합
- 인간·공간·시간

- 구조 · 기능 · 미
- 좌 · 우 · 중도

골프를 쳐도 4인이 멤버를 두는 것도 3인의 나와 다른 사람들을 보고 나를 돌아보기 위한 장치다. 세상에는 양파동과 그 중간자적 입장은 반드시 있다. 이 방식을 알고 훈련하는 것이 핵심이다.

개인적인 공부방식도 과학적 MBTI나 ABO 혈액형 등 나를 아는 방식도 명리 · 전생 · 손금 등 세 가지를 교차해서 공부했다. 한 가지 방법으로 이해가 안 되어 세 번, 세 가지 정도 해 보면 그 특성과 해법에 거의 근접한다.

취미로 그간 남겨왔던 기타 · 여행 · 책 쓰기도 남기는 방식이 다르다. 음악만 해도 소리를 내는 것, 기타도 통기타, 전자기타, 보컬을 아울러 필요에 따라 연주한다.

한 가지 면만 보면 편협해진다는 걸 수많은 사람과 경험치로 보았다.

이걸 따르려 한 것은 아니나 필자의 직업 또한 직장생활 10년, 법인 대표 10년, 임대사업 10년 등 골고루 상반된 입장을 겪어도 보았고, 공간 · 시간 · 인간의 주인이 되어 그 방법을 하나씩 남기고자 했었기에 용어의 재정립부터 해법까지, 또 현실에 적용해 결과를 만들어 보는 실험까지도 해봤다. 그러다 보니 시간이 조금 소요가 되었다. 지금은 하나씩 풀어 책으로 하나씩 하나씩 남기고 있는 중이다.

'목표(Goal)' 찾기

목표는 간절함에서 나온다

간절함에서 출발해야 궁극에는 소명의식과 내가 책을 남기는 의미가 나온다.

돈을 더 벌고자, 베스트셀러를 찍고자 함도 아니다. 확산이 되면 내 존재감의 확인이나, 그를 위해 오버할 일은 부질없다.

아내는 한 분야에 30년간 몸담아 왔다. 나와는 확연히 다르다.

내 방식이 다 좋다는 것만이 아니다.

이것을 해석하자면 한 우물을 파느냐, 여러 우물 파느냐다. 기존의 한 우물을 판다면 다양한 우물을 파는 방식도 있다는 것이요, 과거·현재·미래 이론의 응용이요, 실천이다.

나날이 진화되고, 한 가지 해법만으로 문제 풀기가 어려운 시대에서 자신의 방식으로 응용해 삶에 적용할 수 있게 만든 실천적 방법서 또한 나 자신의 방법에 맞게 찾아왔던 것이다.

필자는 수년 전부터 SNS 등을 통해 적자생존과 승자독식과 양극화 세태에 대한 해법을 내 방식으로 남기기도 했었고, 이번에 축약해 탈고했다. 이 책을 내는 원천은 '을묘', '을축'의 차이이건, 명리의 차이로 해석하지만, 이것으로는 해석이 다 되지 않는다.

그 근원이 무엇일까? 들여다보면 '간절함'의 유무 차이다.

나와의 공통점이라면 시간의 가치를 소중히 여긴다는 것이다. 시간계산, 우선순위, 타이밍에 민감하다. 약국 일은 바쁜 시간은 촌각을 다퉈야 하나, 그 시간이 지나면 또 한가하다.

약사님, 약사님 하며 찾아주는 고객이 많고, 직업적인 만족도도 높고, 그만큼 고민을, 생각을 다양하게 할 필요가 없는 집과 약국, 약국과 집을 오가는 삶이다.

단, 약 분야에 대해선 아내는 한약, 사상체질 공부하는 20여 년간한 가지를 열심히 공부하고, 운영하고 모색도 하는 시간을 보냈고, 지금은 한 분야의 오래된 경험에서 오는 내공이 더해져 업역의 절정기다. 전문직의 삶의 한 측면이다.

▎나의 간절함 찾기

필자는 아내에 비해 초년의 굴곡과 직업 분야의 다양함을 겪어오면서 간절함이 사람이 무엇을 이루게 한다는 걸 지난 삶의 수많은 시행착오와 굴곡을 거치는 가운데 체험적으로 겪을 수밖에 없었다.

이 간절함으로 삶을 많이 바꾸기도 했었고, 전환기의 굴곡을 반전도 시켜짐을 보았다. 간절함이 무엇인지 알기 위해서는 외부로 돌렸던 시선들을 자신의 내면으로 돌리는 것이 중요하다. 어느 시점에 바깥을 보던 시각들이 내면을 보는 시각으로 바뀌게 되었고, 나는 '내 간절함이 무엇인가?'에 대해 늘 기도하면서 나를 바라보았다. 이게 몇 년째 이어져 왔다.

이 훈련이 어느 정도 단계에 이르면 나의 간절함이 하나씩 하나씩 해결되었다.

그것이 요약한 훈련법의 목표요, Goal이다.

지금은 세상의 이 양면을 직시하기 위해 적어도 책을 읽는 노력을 하는 사람에겐 '인생역전 방법'을 축약해 남기고자 한 것이다.

이 간절함으로 내가 스스로에 했던 약속도 실천하고, 이 정도의 노력하는 사람이 잘못된 방식으로 시간을 허비함이 아닌? 시간에 대한 이해와·시간의 양·시간의 우선순위 등 인간·공간·시간에서의 이 핵심 키워드를 잘 풀고, 내가 실천해 온 방법들을 내 방식으로 풀어 표현해 가장 따라 하기 쉽고 스스로의 삶이 바뀔 수 있는, 각인되고, 습관화 시킬 수 있는 '실천방법서'를 남기는 것이 또 지금의 내 간절함이다. My Goal이다.

내면의 다른 관점으로 보기도 함이요, 한땐, 이 출발이 내 오지랖이 아닐까? 내 유전자의 기질이 불필요하게 옆길로 새는 게 아닌가? 하는 우려와 스스로의 되물음을 가졌었다.

수많은 시간 책으로 더 남기느냐? 그냥 스스로 실천하고 내 인생 깨친 가치대로 사느냐? 하는 내면의 양 시각 속이었다.

내 아버지의 기질 유형을 조금 남기도록 한다. 차남이셨던 아버지는 장남 몫까지 6 ·25 발발 후에 참전해 5.5년 이상을 군 복무 후 부상 당한 후유증으로 여생을 사셨다.

그걸 봤기에, 내 가족보다 내 집안, 내 형님 등 내 직계 가족을 등한시하는 유전자가 내게도 알게 모르게 있음을 내 기질 유형과 명리 구조에도 얼핏 보인다.

이것이 필자의 기질적, 유전자적 장·단점이다. 내 단점을 극복하는 것이 내 가정을 우선순위 하는 것이다. 이 기질을 나도 처음에는 잘 몰랐고, 꾸준히 내면을 보다 보니 조금씩 보이기 시작했다. 처음에는 잘 안 되었지만 한동안의 '목표(Goal)'훈련을 그곳에다 중점적으로 맞추었고, 다양한 방법과 우선순위를 바꾸는 훈련 등으로 자녀독립과정의 시기를 거쳤다. 지금은 큰아이가 IT 전문가로 사실상 독립을 했고, 작은아이 또한 심화된 전문직 진입 관문에 최종 합격해 아내와 같은 분야에 한 걸음씩 진일보하고 있는 상태다.

그러면서 더 시급히 걸린 문제의 해법을 하나씩 마무리가 거의 되었고 그러느라 남기다 만 원고의 마무리가 안 되어 몇 개월, 몇 년이 훨쩍 가버렸다.

현재·과거·미래를 공부하는 데는, 특히 미래에 대한 공부는 명리·손금·전생을 통해 나름 해법을 찾아온 지 이십여 년이 되었다.

원고 마무리함이란 내게 시간의 양으로선 그리 짧지 않은 시간 양이라 이 간절함을 효율적으로 알리고자 나의 지난 시행착오들도 남기고 내 방식으로 풀어 보았다.

▎대운으로도 증폭되는 '간절함'

사주오행에는 없더라도 운(대운·10년)이 왔을 때는 더 크게 특성을 나타냄이다.

사주 오행이라는 일종의 원판 8자에 모든 속성이 다 든 것은 아니다. 목·화·토·금·수 중 다 갖출 수도, 최대 세 가지 정도가 빠질 수도 있다. 한 속성을 많이 가지면 특징적인 삶을 살게 되나, 사람은 늘 빠진 것에 대한 간절함이 있다.

인지하던, 못하든 간에 내가 경험하고 공부한 그것을 적용한 그러면 8자에서 오행이 골고루 든 사람도 그러하지 못한 사람도 있기에 타고난 8자에 대해 굳이 불만을 가질 이유가 없다는 것이다. 운 흐름에서 기회는 거의 일생에 한두 번 오기에 그 기간을 잘 잡고 대처하면 된다.

어떠한 사람이라도 24시간 365일 한평생 다 좋을 수가 없는 것이 8자다. 좋고, 나쁘고는 그보다 더 중요한 '간절함'과 이 '노력'을 잘 사용하면 된다.

그것을 통해 나를 알고, 내 명리구조를 알면 나의 특성, 장단점을 어느 정도 유추가 된다. 때론 우쭐함에 때론 부족함에 위축도 된다. 몇십 년을 공부해도 늘 이 분야의 내공은 수백 년의 학문이라 '인생도처유상수' 다른 방식의 언어와 내공과 표현법이 있다.

나는 가장 쉽고 용이한 언어로 표현한 것이다. 이치를 알리는 게 몇 가지 어려운 용어로 한 분야의 현학적으로 알리는 것이 고수가 아님을 최고수는 이치를 쉽고 간단히 알리는 것임을 알았기에 그렇다고 내가 명리 고수, 최고수란 것이 아니다.

나를 알고자 여러 가지 해석과 학문 중에 명리도 있어, 응용한다는 것이요, 대운(10년씩), 세운(1년)이라는 운 흐름의 변화가 누구에게도 있다. 누구에게도 이 운 흐름은 변화함이기에 이때, 내가 못 가진 기운이 돌아가면서 들어온다.

즉, '간절함'이 운을 맞을 때에 발복한다. 고로 운으로만 살 수도 없고, 내 구조를 이해하고, 오행에서 부족함은 간절함으로 노력하고 그러다 보면 반드시 좋은 때가 온다.

간절함, 시간 양, 타이밍이란 다른 표현으로 명리 해석도 내 방식으로 남긴 것이다. 사람을 아는 방법 중 명리, 손금, 전생, 유전자 등 여러 방식이다. 간단하게 알고자 하면 유전자, 즉, 부계와 모계의 기질과 성향을 보면 자손을 유추할 수 있다. 간단히 알기 위해서는 그러함도 있다는 것이고, 좀 더 나를, 내면을 미래 흐름을 효율적으로 알고자 함이라면 도움이 된다.

따라서 굳이 명리를 몰라도 사는 데는 지장 없다.

'간절하게 바라는 것이 있는가?'

24시간, 시간 양을 늘려서 실천하다 보면 시간의 흐름으로 기회는 오게 되어 있다. 그 기회에 간절함을 가진 사람에게는 결과가 배가 되어 증폭된 결실을 맺는 것이다.

결국, 간절함이 나쁜 운 흐름일 때는 약화시킴이요, 좋은 운 흐름일 때는 열매를 키울 수가 있는 것이다.

❖ 시간, 공간, 인간

시간은 시간 양, 변곡점의 타이밍 포착 등 그것을 세부적으로 알기 위함이 명리란 학문이나, 이 이치를 몰라도 무방하다.

더 중요한 부족함이 오히려 족해짐의 원동력임을 아는 것도 아는 것이나 궁극에는 시간의 힘으로 하나씩 실천 궁행하는 것이요 머나먼 공간보다는 가까운 이 공간, 이 순간, 이 인연에 대해 충실하는 것부터 시작이다.

실천하고 누적되어 운과 명이 바뀌어 나감이요, 그것을 보여주는 것이 나의 삶의 일부다.

┃ 현생의 다양한 삶과 남은 삶

20년생 김형석
26년생 엘리자베스 2세
27년생 아버지
32년생 엄마
33년생 장인어른
55년생 스티브 잡스 등

장수하시며 건강 및 여러 측면으로 현생을 사시는 분들도 근간에 다음 세상 가신 분들도 계시다.

원인과 이유는 많다. 104세에도 소식하시며 왕성한 집필, 강연 활동 하시는 김형석 교수님도 계시고, 6·25 전란의 고통을 맞지 않고 평생 건강하신 장인어른도 90세로 현생을 누리고 계신다. 6·25 참전용사로서 국가가 위기에 처했을 때 장남 몫까지 도합 5년 5개월 군 생활의 후유증 등으로 내 초년에 다음 세상을 가신 내 아버지도 있다. 26년생으로 왕위를 누렸던 엘리자베스 2세 여왕도, 스티브 잡스는 현생의 부를 누리나 건강의 중요성을 뒤늦게 깨닫고 마지막 메시지를 남겼다.

현생을 살다 가는 시간도 방법도 각기 다르다. 현생의 가치관과 유전자와 노력 운 흐름 또 살아오면서 순간순간의 도달목표에 대한 간절함 또한 각기 다르다. 현생의 삶 주어진 시간에 어떤 '목표'를 세웠는가?

내가 타고난 유전자 성향과 현재의 내 간절함, 그리고 이 책을 읽는 독자들은 책을 읽는 시간 '간절함'이 어떠한 것이 있을 것이다. 또 열심히 '노력'을 하는 사람이다.

'간절함'과 '노력'이라는 이 두 가지를 가진 사람만이 이 책을 끝까지 읽고, 이 노력을 세상의 기존 방식이 아닌 내 방식의 전개로 스스로 해법을 찾아 시간의 주인, 삶의 주인, 인생의 주인이 될 것이다.

적어도 이 책, 오늘보다 내일이 더 나아지고자 함이 목표인 자기계발서를 읽는 사람은 책을 읽을 시력도, 책을 사보거나 빌려볼 여유도, 나의 내일이 오늘보다 더 나아지게 하고자 하는 의지도 있고, 책을 보며 내면을 돌아볼 시간도, 또 쉽고 평이하게 남기는 이 책의 논리도 이해할 지적 수준이면 된다.

이 조건을 가지고, 하나씩 Goal을 만들어 시작하면, 책 읽는 오늘보다 최소 3일, 3달, 3년이 반드시 나아지는 삶을 만든다.

이미 더 이상 책이나 자기계발의 자극을 믿지 않는 사람은 읽지를 않는다. 굳이 읽을 필요가 없다. 이미 최상위에 잘 형성되었더라도, 더 밝아지려는 의지 없으면 보이지도, 들리지도 않는다.

주어진 시간·목표를 어디에 두느냐? '비록 내일 지구의 멸망이 오더라도, 나는 오늘 한 그루의 사과나무를 심고, 움직이고 행동하다가 가는 인생'이 될 수 있게 움직이고, 시도하고, 가장 소중한 오늘이라는 시간이 있다.

이 시간의 크기, 시간 양, 시간의 힘, 시간 보내는 내공의 차가 인생의 결과다. 더 나은, 더 고수의 결과를 위해 이 책은 시종일관 다양한 시각과 관점으로 이치를 깨치고 실행하는 몫을 만들게 한 것이다.

바로 내 인생의 주인공으로 누구라도 한정된 삶을 성과를 만들고 또 미련 없이 살다 갈 수 있도록, 주인공으로 우뚝 선 단초가 되도록 하는 게 이 책의 목적이다. 이 또한 나의 '간절함'이다.

긍정에너지를 자극하라

2022년 4월부터 주말 텃밭을 시작했다. 한쪽에는 상추와 아욱을 심었고 또 한쪽에는 잡풀이 있었다. 잡초도 자연의 일부이니 살라고 그냥 뒀더니 아뿔싸! 길을 온통 덮었다.

정작 심은 상추에 영양소가 가질 않아 뽑을 수밖에 없었다. 단단히 뿌리를 내린 잡초를 뽑느라 손에 물집이 생겼다. 주말 텃밭에도 '취사선택'과 '타이밍'이 적용된다. 인간의 생존에 여지없이 적용되는 선택의 내공을 이야기하려 함이다.

학교도, 전공도, 취업과 진로도, 배우자도 선택이다. 그 과정 속에 때론 경쟁도 있다.

마음 관리와 식습관도 내 선택이다.
조금만 방치해도 우리 몸과 마음은 망가진다. 우리는 내 몸에 맞는 음식, 싱싱한 음식을 먹고, 건강하고 긍정적인 생각을 하며 바르게 행동해야 한다.

건강원리도 긍정적인 In Put이 중요하다. 치유방식 중 만성병의 Out Put 관리방식은 주로 약물치료요, 말초적이요 지엽적 치료다. 근원치유로 가긴 어렵다. 시기적으로 너무 늦어 되돌리는 대안이 없을 때는 이 또한 연장의 역할은 한다.

우리 마음과 몸에 좋은 것을 주입(In Put)하는 것이 바로 삶을 현명하게 디자인하는 방법이다. 특히 눈에 보이지 않고 쉽게 변화가 느껴지지 않는 마음에 주입하는 것에 주목하자.

심리학자 셰드 햄스테드는 우리가 하루 중에 생각하는 5만~6만 가지 생각 중에 '85%가 부정적'이라고 했다. 우리의 생각은 관리하지 않고 방치하면 누구나 부정적인 방향으로 생각이 기운다.

순식간에 잡초가 뒤덮어 버리듯이 그 생각은 생각을 넘어 몸까지 통제하기에 이른다.

여기 재미있는 실험 결과가 있어 소개한다. 마음과 몸은 연결되어 있다는 흥미로운 내용이다.

한쪽 실험 집단에게는 '노인'에 대한 고정관념과 관련된 과제를, 다른쪽 실험 집단에게는 노인과 무관한 단어로 같은 과제를 주었다.

실험이 끝났다고 알리고, 실험에 참가자들을 엘리베이터로 안내했는

데 노인에 관한 단어로 과제를 수행했던 참가자들은 다른 쪽 참가자들보다 걷는 속도가 훨씬 느린 것으로 나타났다.

노인이라고 생각해 버리니 몸도 그러한 행동을 취한다는 재미있는 실험이다.

우리의 생각을 긍정으로 이끌 수 있는 가장 좋은 방법은 긍정 속에 있게 하는 것이다. 운동하려면 운동모임이나 헬스클럽에 가는 것처럼 말이다.

심리학자 데이비드 맥크릴랜드(David C. McClelland)는 통상적으로 함께 하는 사람이 우리의 성공이나 실패의 95%까지 결정 짓는다고 말했다. 긍정에너지를 서로 주고받아야 하는 것이다.

《하트에너지》는 이 긍정에너지의 중요성을 응용한 에너지 충전법이었고, 부정에너지와는 양파동이기에, 그 속성을 알고 긍정에너지로 삶을 진전시키는 방법이다. 낮밤이 교차하듯이 긍정과 부정이 교차되어 일어남을 알고, 밝은 시간에 성과를 내는 일을 하고, 어둠의 시간, 밤에는 쉬고 충전함의 이치를 따르는 것이다.

▌긍정에너지 자극

본격적인 오너스킬 훈련에 앞서 멘탈의 긍정에 대해 조금 더 소개한다.

인간의 뇌는 늘 '자극'을 원한다.

자극이 없는 경우는 스스로 만들어내는 자작극이라고도 함인데 심한 경우 환각, 환청 등으로 발현할 수 있다. 자의든 타의든 외부 세계와 분리되고 새로운 정보가 차단될 때 고통을 느낀다.

그들이 할 수 있는 일은 혼잣말을 하거나 노래를 흥얼거리는 게 전부다. 때로는 두려움에 휩싸여 환청을 듣기도 할 텐데, 이런 행동도 자극 없는 자신을 보호하기 위한 자기방어적인 행동이다.

자기 스스로 뇌에 일종의 자작극, 자극을 만드는 것이다.

인간의 뇌를 공부하는 것도 궁극에는 응용하기 위함이다. 뇌에 자극이 멈춘다는 것은 성장이 멈추거나, 퇴보한다는 것은 이미 지난 삶의 경험치로 학습해왔다.

누군가와 공존하고, 학교, 직장, 종교, 골프 게임 등을 하는 것에는 '관계'를 추구하는 본질이 있다. 기타를 치다, 골프를 다시 치는 것도 궁극에는 관계성 때문이다.

인간뿐 아니라 동물도 관계성을 추구해 가기는 마찬가지다.

원숭이 실험이 있었다. 원숭이를 어미로부터 분리한 뒤 어두운 곳에 홀로 두고 어떤 자극도 받지 않도록 먹이도 먼 거리에서 튜브로 주었다고 한다.

실험에서 이 원숭이는 어떻게 될까?

점점 욕심도 사라지고 멍한 상태에 이르고, 결국 밖으로 탈출하고자 하는 욕구마저 사라져 버린다고 한다.

'자극'의 중요성을 알아보는 실험이었다. 결국, 인간은 자극이 있어야만 생존과 발전이 가능하다.

골프에서의 자극, 게임에서의 자극은 '나(I)'를 움직이는 원동력이다. 골프게임에는 타수를 줄이고자 하는 욕구. 그 욕구를 충족하고자 연습하고 개선해 나간다.

내 안의 부정과 긍정 양파동의 교차하는 감정의 실체를 인지하고 '긍정적인 자극'을 찾아내야 한다.

내 안의 부정과 긍정의 양파동 중 긍정을 충전하는 훈련이 '하트에너지'였다면, 긍정적 자극으로 손발이 목표를 향해 훈련하게 만들어 정진하는 '오너스킬'로 이어진다.

대한민국 '상위 1%'의 오너스킬

| 훈련법

❖ **Goal > Go > Stop > Repeat**

- 재산 상위 1%
- 건강(몸 마음) 상위 1%
- 가정 상위 1%
- 신분 상위 1%

무엇을 최우선으로 할 것인가? 나의 간절함에서 시작한다고 했다. 하나씩 나의 부족함을 나열한다. 내 집 마련, 내 건강, 관계 등….

'나의 가장 시급한 간절함이 무엇인가?'를 찾아보라. '목표(Goal)'는 결실까지는 최소 100일을 각오하고, 습관까지는 스텝 바이 스텝 1주일을 넘어보라. 최우선의 내 현실을 바꿀 의지로 세워야 한다. 이 경험이 한 번도 없다면 가장 쉽고 만만한 것부터 시작을 해 보라. 습관을 바꾸어 성공경험을 쌓는 것이 중요하다.

이 훈련이 되면 반드시 불가능해 보였던 것마저도 우주의 기운이 나와 연결되어 스스로 그 답을 찾을 수 있다.

어떠한 분야에서건 '상위 1%' 이상 성장한 고수들은 양면을 골고루 겪을 수밖에 없는 과정에 어떠한 것을 취해 유지하고 반복하는 skill이 쌓이지 않으면 유지하기가 거의 어렵다. 역으로 상위 1%를 이룬 이들은 이 비밀을 깨치고 훈련을 했건, 태생적인 유전자로 반복하는 속성을 지니고 타고났거나, 대운에서 이를 맞은 시기다. 오행 중 토(土)와 금(金)의 속성·목(木)일간이라면 재와 관의 속성과 같다.

아침에 잠을 깨면서 내 가장 시급한 목표를 되새긴다. 식사 전에 각자 방식의 몸과 마음을 모으고 각오를 메모하는 것도 필요하다. 또 자신만의 방식의 우주의 기운을 모으고 겸손한 기도를 빠짐없이 매일 훈련한다. 뇌의 각인 과정으로 매우 중요한 해법의 하나다.

'간절함'이 있으면 24시간 중 짬 나는 대로 방법을 찾게 되어 있다. 공부하고, 메모하고, 각인하고, 그러다 보면 자연스레 다각도의 해법을 찾게 되고 단축하는 방법도, 끈기도 키워진다.

공간개념의 출발을 했고, 여기에는 필수적인 필요 시간이 소요된다. 어떠한 것은 그리 시간이 필요하지 않으나, 쉽게 얻는 것은 쉽게 잃는 이치다.

나의 진전을 위한 것은 절대 쉬울 수가 없다. 이미 쉽고 편안함에 길들어 있다면, 내 뇌에는 도전을 방해하는 갖가지 이유와 핑계가 생긴다.

더군다나 경쟁이 치열한 것은 '절대 소요' 시간 양이 필요하다.

매일 매일을 가장 우선순위 분야에 최소 2시간 집중해서 100일 정도 그 분야, 그 고민 아이템에 집중하면 그 문제에 대한 가시적인 해법이 나옴이요, 뇌가 이를 각인한다.

어느 단계에 이르면 간절함에다 그 습관의 내공으로 하나씩 꼬였던 실타래가 매듭들이 풀어지는 조짐도 보인다. 문제의 퍼즐도 보이며, 어디가 꼬였는지도 보인다.

좀 큰 문제 즉, 모두가 원하는 돈, 단위 단가가 비싼 아파트, 특히 고급아파트 등의 부동산은 종잣돈부터 모으고, 재(財)테크닉까지 구사하려면 시간 양이 더 필요하다.

이러한 상품들은 시간의 반복 주기, 좌·우 정권의 속성 등까지 익히고, 파동, 패턴까지도 익혀야 한다. 특히, 변곡점을 익히는 것이다. 모두가 가지려는 속성을 가진 분야, 경쟁이 수반되는 곳의 내공은 다른 목표보다 도달의 시간이 더 필요하다.

필자의 지침서는 강남에 지금 투자하라는 의미가 아니다. 필자는 20년 개발의 프로나, 특정 상품을 띄우기 위한 것이 아니라 나(I)란 사람을 성장시키기 위함에서 이 글을 이어감이다. 구체적 상품에 대한 정보는 도처에 많다. 이러한 내면의 동기부여와 습관이 익혀지면 자연적 경험하고 익히게 된다. '알곡을 구분'하는 구분력이 생긴다.

그럼에도 중간에 나를 가로막는 부정적 사고가 나의 목표 진전에 방해해서 스스로 그만두거나, 여러 장애에 가로막히더라도 벗어나는 힘이 생긴다. 그래서 긍정의 에너지를 평상시에 충전할 필요가 있다. (스텝바이스텝·Go)

1년, 3년, 5년, 10년의 대운도 바뀌며 어느 시점에 도달한다. 한발한발 정진해 가다 보면 반드시 도착하게 되어 있고, 도달하면 멈추고 돌아보는 시간을 가진다. (멈춤·Stop)

새로운 목표를 삼아 이 방식을 처음부터 하나씩 하나씩 반복한다. (반복·Repeat)

이 비장의 무기는 너무도 익히 들은 '노력'이란 무기다. 노력으로 만든 끈기는 타고난 재능을 능가한다. 자기계발서는 이것을 일깨우는 것이다. 한 권의 책을 읽는 노력 정도를 한다면 재능이 있다고 할 수 있다.

무언가를 이룬 이들의 공통점은 '반복(repeat)'을 통한 훈련으로 성과를 이루어냈다는 이치를 깨친 이들이다. 오행으론 金이요 결실이다. 사람들은 그것을 잘 인정하지 않는다. 그것을 인정한다면 자신은 재능이 부족하여 훈련할 수도 없었다는 변명이 통하질 않기 때문이다.

더 오래 걸릴지도. 때론 더 힘내서 피를 토하는 심경으로 열심히 일해야 할지도 모른다. 그러나 확고한 결심과 끈기가 있다면 반복되는 훈련을 통해 목표를 달성하는 길을 찾는 것이다.

중간의 장애물들, 기존 사회적 관습, 내 마음의 부정, 과거로의 회귀 본능 등 변화를 처음 시도할 경우는 경험이 없기에 늘 관전자다.

주인공이나, 주연은 미리 연습 과정을 거치고 자기변화와 훈련과정을 통해 게임이든, 영화든 대중에게 공개한다.

관전자는 그런 과정을 안 거치고 구경만 하고, 관전만 하기에 가는 길에 장애물이 놓여 있다면 돌아가거나 밑으로 포복하여 가거나 그 위를 뛰어넘어 가야 한다. 한데 타고난 성향이 감정적이거나, 목표의식이 옅은 사람은 이를 넘어가기 쉽지 않다. 매일 가족, 친구, 동료의 안타까운 소식을 듣는다.

우선순위의 훈련이 옅은 사람은 가다가 옆길로 빠지기 쉽다.

사람은 '망각'의 동물이기에 'Goal Go Stop Repeat' 훈련을 통하여 내 목표가 무엇인지를 매일 매일 내 마음에 각인을 시켜야만 한다.

운으로만 좋은 패를 받은 사람은 그 상황이 조금이라도 빗나가게 되면, 실망하여 주저앉아 더 좋은 카드가 들어오기만을 간절히 바랄 뿐이다.

양면이 있어 단점을 극복하고, 어떤 상황에서도 시작할 수 있다.

그리고 하나하나 치우듯 조금씩 상황을 개선하는 데 힘을 쏟는 훈련을 마냥 앉아서 기다리지 말고 원하는 상황을 스스로 만들어나가는 현실개선 방법이 중요하다.

그중 노력 타고난 기질상 집중력과 지속력의 차이로 시간이 더 요하는 분야도 물론 있다(* 사주 오행 운 흐름, MBTI 성향, 부모 유전자 요인 참조). 대부분은 이 범주에서 시간과 결합이다.

단, '상위 1%'에서 상위 0.1%는 그 방식을 통해 한 우물을 계속 파, 치열하게 경쟁해 도달한 것이다. '상위 1%'에 오름은 오르는 다양한 방법들을 익힌 이들이요 각자 전·현생의 명+대운 흐름 등이 도우고, 올라감에 더 집중해야 가능함이요, 오르기 위해 다른 어떤 것을 희생할 때도 오고, 높이 오른다고 다 좋은 것만도 아니기에 보편적인 삶에서의 성장의 상징적 표현으로 '상위 1%'로만 표현한 것이다.

내 효율과 도달 그릇 크기는 다를 수 있으나, 이 방식으로 내 몸에 각인하고 훈련하는 과정을 반드시 거치면 답은 반드시 나온다.

또, 설사 도달치가 더 큰 상위의 효율은 있더라도, 어떠한 법칙도 한 가지를 얻으면 다른 것을 잃을 수도 있으니, 도달의 족함을 아는 것도 내공이다. 특히 이 시대는 자리의 경쟁이 치열하고, 초심을 잃은 탐욕이 부작용을 불러온다.

'상위 1% 훈련'의 방식을 깨쳐본 이들은 그 방식으로 전진하기에 바쁘다. 방법 남기는 간절함이 없다. 방법을 남기는 시간에 목표에 도달

대한민국 '상위 1%'의 인생역전 지침서 & 훈련법 - 오디스키

하기 바쁘기에….

필자는 쉽게 알리고자 함이 나의 간절함이다. 간절함을 훈련을 안 해 본, 즉, 그 단계를 한 번도 안 넘어 본 누군가에겐 또 대단히 어려운 일일 수도 있다.

어느 분야에서나 이 방법을 익힌 이들과 익히지 않은. 타고난 출발이 달라 중간 고비, 변곡점을 못 넘기는 사람들이 더 많아 세상은 '양극화' 가 가속된다. 스스로 가장 간절할 때 출발해서 실천력으로 고비 넘어 가고자 한 골(목표)에 도달해야 한다.

이것을 내 뇌가 각인해야 한다.

"용기와 결단력을 지니고, 목표를 향해 나아간다면 우주의 모든 힘이 당신을 도울 것이다."

– 랄프 왈도 에머슨 –

이 또한 내 간절함이 무엇인가의 다른 표현이다.

나는 내 간절함을 실현하고자 매일의 기도를 한다. 그런 훈련을 각자 의 여건에 맞게 또, 지난 1권(《하트에너지》)에 잠깐 소개했던 필자가 창안 한 방식도 있다. 근간에 3분 정도의 시간을 수년에 걸쳐 우주의 기운 을 얻는 방법을 쓰고 있다. 소크라테스도 플라톤에 남기는 방법도, 불 교 수행의 절을 하는 방식도 또 다른 방식도 있다. 어떠한 것이 절대적 인 것은 없다. 자신에게 맞는 걸 하면 된다.

인생주인 공부의 핵심

- 인간의 보편성: 망각 · 경쟁
- '나(I)'의 개성: 기질 요인

　내 삶의 변화 '비법'의 핵심으로써, 몇 가지 반드시 익힐 인간과 삶의 특징이요, 나의 특징을 파악해야 한다.

　사람의 삶은 크게 3가지 다른 요인을 지닌다.

　1) 개인의 전생적 요인 – 현생의 운 흐름 기복
　2) 개인의 유전자 요인 – 부모 성향 비율
　3) 개인의 후천적 요인 – 단점 극복, 노력

　이 항목에 대해 나를 알기 위해서는 보편적 특징과 개인의 각 성향의 특징을 익히고 나의 특징에 맞는 자기계발 목표를 세워야 한다.
　시간 정진법 ➡ 셀프 실천공식 만들기 ➡ 적용사례, 공식들

'지피지기'는 이미 경쟁의 병법에도 나와 있다.

그간의 경험과 공부를 토대로 몇 가지 요약해 남겨본다.

┃ 사람은 '망각'하는 존재다

자고 나면 내 생존에 중요한 것이라도 잊어먹는다. 까먹는다. 잊어버리는 것이 나쁜 것도 있지만, 불필요한 것도 잊어버리는 것이 장·단점이라, 습관대로 대부분의 삶을 살아간다.

그런데, 새해 아침, 신년, 아니면 그중 좀 남다른 각오를 지니면 매일매일의 아침 하루의 각오를 하기도 한다.

아무리 좋은 말과 글과 영상을 보아도 며칠이면 우선순위가 바뀌어 버리면 잊어버린다. 내 과거의 익힌 습관대로 돌아온다. 사람이 잘 안 변한다. 변하기가 어려운 이유가 이 이유가 핵심이다.

운명을 바꾸는 것이 무엇인가를 삶 속에서 연구하다 보니 핵심이었다. 이것을 누가 알려주면 내일이면 또 망각한다.

'절치부심'의 각오, 쓰린 기억, 스스로 다지는 순망치한의 각오를 하지 않으면 며칠 지나 까먹게 됨이다. 대부분의 삶이 범생의 삶으로, 그렇고 그런 삶으로, 좋은 게 좋은 거라는 여전한 삶이냐, 아니면 이 망각의 속성을 인지하고 자신의 방식으로 기억체계에 정립하고 시간의 힘으로 정진시킬 줄 아는 사람이 되느냐의 차이다.

이 책을 읽는 독자는 시간과 책값을 투입한 이후에 스스로 각오와 노력으로 성취하는 결과를 도출토록 하는 것이다.

내 삶이 나아져야 하기에……. 궁극에는 내가 주인 되는 삶을 살아야 하기에.

사람은 '경쟁'하는 존재다

다른 표현으로, 좋다는 것은 반드시 얻기가 어렵다고 할 수 있다. 강남 요지의 신축아파트 당첨은 어려우니, 당첨되면 프리미엄이 바로 붙는다. 몰리지 않는 미분양 주택은 사기 쉽다.

결국, 돈 벌기는 어려워도 돈 쓰기는 쉽다. 좋은 직장은 들어가기가 어렵다. 돈벌이가 잘되어 선호도가 높은 의약 등 전문직은 재수, 삼수해서도 들어가려 한다. 좋은 정보교육은 돈 많이, 대가를 비싸게 주어야 한다.

얻는 가치의 경중과 '시간'은 비례한다

즉, 금(돈)의 무게로 무거운 것을 얻으려면 시간이 소요된다. 쉽게 얻는 것일수록 가치가 낮고, 또 쉽게 잃는다. 즉, 어렵게 얻어야 그 가치를 제대로 안다.

축약하면 인간은 망각·경쟁·시간·공간 속의 존재라는 의미다.

이 '망각하는 존재인 인간', 결국 나도 너도 모두가 아침에는 각오를 새롭게 다졌는데, 하루 이틀 지나고, 다시 습관대로 돌아가고, 돈을 벌어야 삶이 나아지려면, 종잣돈이 없으면 하나씩 종잣돈부터 모아야 함인데 쉽게 망각한다. 관심이 다른 데 가 있으면 더 빨리 망각하고 스쳐 보낸다.

어떤 이는 또 다른 대처 방식의 결과물인 돈과 건강과 삶의 질, 때론 행복지수의 차이가 발생한다.

이미 이것의 소중함을 잘 안다. 즉, '결과물'은 잘 아는데, 결과가 이루어지는 과정을 간과하는 걸 막고 습관으로 만드는 훈련법이 바로 이 책이 남기고자, 내 삶을 바꾸고자 함의 핵심이다. 바뀌지 않고, 도달이 잘 안 되니 욕심이 발동하는데, 이 욕심은 투입대비 결과를 지나치게 오버하는 것이다.

이 투입에는 각기 다른 전·현생의 유전자(부모에게 물려받은 기억, 이해력 등)와 노력과 운 흐름의 3요인으로 대부분 이루어져 있다고 봄이다.

그런데 그 근원 즉, 망각과 경쟁을 간과하는 것에서 문제가 발생한다. 이 특성을 알고 미리 대비하고 시간을 효율적 관리가 결국은 미세한 틈새에서 조금씩 차이나서 돌이킬 수 없어 벌어지는 관건이요 핵심이다.

자기계발은 이 부분 망각하는 존재에서 누구나 다 노력을 하는데 어떤 방식을 취할까 하는 것이다.

하나씩 더 풀어나간다.

인생의 공부 · 내공 축약

　세상에는 익히고, 배우고, 공부해야 할 것이 너무도 많다. 교육열이 독특한 대한민국이다. 많이들 배우고 익혔음에도 삶이 나아져야 할 텐데 배운 것과 삶이 나아진 것과는 큰 차이가 없다.

　삶이 나아지게 하는, 보편적인 특징과 개인적인 특징을 기반으로 하는 공부가 아니다 보니 내 삶이 나아지는 데는 한계가 있다.

　해도 안 되니 포기하는 것이다. 잘못했기 때문이다.

　그래서 새로운 방식으로 요약을 했다.

　　· 학문 〉 기초 〉 응용 〉 상품 〉 돈 · 건강

　우선순위다. 가장 쉽게 푸는 방법으로 초등 교과과정으로 풀어봤다.

　✅ 국어 – 네 주제를 아는가?
　✅ 산수 – 네 분수를 아는가?

✅ 사회 – 네 공동체와 공존 상생을 아는가?

✅ 자연 – 네가 왔다가 다시 가는 것을 아는가?

✅ 도덕 – 바른 삶·슬기로운 삶을 실천하는가?

✅ 예체능 – 네 눈, 귀, 몸을 즐겁게 단련하는가?

이것이 인생 공부의 기초다.

응용하여 배운 걸 세상에 적용한 것이다. 이를 응용한 학문이 많다.

- 국어뿐 아니라 각기 나라의 국어들 영어, 독어, 중국어, 일어, 스페인어 등
- 산수뿐 아니라 수학 기하 응용한 구조 역학, 이를 응용한 트러스, 보, 캔틸러버
- 사회뿐 아니라 인간의 관계 자연뿐 아니라 과학 의학
- 도덕을 논한 노자의 도덕경에서부터 수많은 공자 맹자, 동 · 서양 막론한 종교, 수행, 정치, 법과 양심
- 예체능뿐 아니라 정신이 지배하던 시대에서 물질이 지배하는 시대에 돈이 필요하므로 생겨난 경영 · 경제, 부동산, 주식, 채권, 펀드
- 전기 · 전자 · IT: 이들을 응용한 시대의 제품들, 컴퓨터, 스마트폰, 자동차 아파트 교량 선박 원전 우주산업 · 의 · 약학 등 수명연장을 위한 갖가지 첨단 기법을 도입하고 또 인간 생명 연장을 위해 끊임없는 새로운 약물, 수술, 치유법 등 연구

여기에 언급한 외 수많은 응용법, 종사자들도 많다.

서울에 수도권에 매년 몇만 몇십만 채의 아파트를 지어도 공급이 부족하고, 지방은 사람이 점차 줄어든다.

수요가 몰리는 곳은 경쟁이 있고, 수요가 없으면 사람을 모시기에 바

쁘다.

그럼에도 씨뿌리고 열매가 맺고 첨단도 전통적인 방식으로 여전히 수확도 여전히 공존한다.

공부할 것이 참 많다. 우선순위가 생존을 위한 돈벌이든, 지적 궁금함의 해소든, 자기실현을 위해서든, 공동체 기여든 목적은 다양하다.

공부 과정을 거쳐 각 분야에 진출해 현생의 삶을 각자 바쁘게 살고들 있다. 그 공부를 통해 필자도 배우자도 자녀들도 세상 공부를 거쳤고, 거치고 있다.

공적 공부, 기존의 틀에 짜인 방식의 공부는 기존의 업역과 그 영역의 밥그릇·업역의 기득권 등과 연계되어 있기에, 인생의 이치를 공부하려면 오히려 업역이 방해가 된다.

적어도 필자는 그렇게 느꼈다. 심화하는 공부가 학문을 횡으로 두루 넓게 하는 공부가 아니라, 한 분야를 파고들어, 그 분야를 더 파는 공부라 잘못 공부하면 안 하느니만 못한 공부가 된다. 거기다가 특정 분야의 공부가 누구도 피할 수 없는 삶의 순환 주기와 맞물린다. 눈에 바로 수익과 연계되는 돈벌이와는 무관한 공부를 할 때가 온다.

이참에 내가 해온 공부, 내가 아는 지식, 내가 하는 업을 되돌아보자.

- 나는 얼마나 '나(I)' 자신을 잘 아는 공부를 했는가?
- 나는 얼마나 세상에 유용한 제품을 남기고 있는가?

• 나는 어디서 와서 무얼 하다, 언제쯤 다시 자연의 일원이 될 것인가?

이 포인트에 맞추어 필자는 필자 방식으로 새롭게 설정하고, 궁금증을 묻고, 답을 내고, 누구든 이 방식을 하든, 각자의 또 다른 방식이었든 한 번쯤은 자신을 되돌아볼 필요가 있다.

그게 결국은 '종(縱)'으로 내 유전자, 내 뿌리에 대한 공부다. 유교의 수직 위계 교육이 아닌, 나를 알기 위한 공부다.

인생을 살면서 선택하고 시간 사용 우선순위가 돈보다 건강이었든, 건강보다 돈이었든 지금까지 열심히 해온 방법의 공부가 아닌 새로운 방식의 공부를 해야 한다.

나의 전공과는 무관하게, 내 현재 업역의 돈벌이와는 무관하게 궁극에는 '나(I)를 제대로 아는 공부'를 해야 한다. 그리해서 나를 알고, 내 단점을 알고, 궁극에는 나를 극복하는 것이 나의 단점을 극복함이요, 그것이 궁극에는 부·모로부터 받은 유전자 성향의 단점을 극복하는 것임에 이르게 된다.

그게 실질적인 인생공부의 기초에서부터 제대로 열매를 맺는 방법이다.

필자가 해온 방법 등을 참고로 나 자신을 알고, 나 자신을 아는 데 참조가 되는 공부를 하고, 그 특성에 따른 주인 되는 훈련과 공부가 사실상 인생의 주인이 되는 데 도움이 되었기에 좀 더 이어감이다.

제3장

공부 방법

Owner Skill

2023년 새해 멘탈 훈련법

2023년을 맞으며

어김없이 또 새로운 한 해가 시작되었다.

❖ '상생'의 방법

새해가 오면 한 해 목표(Goal)를 세우는 사람이 많다. 모두가 자신이 부자가 되길, 건강하고 행복하게 살길 원한다.

건강·학업성취·취업·결혼·기타 인생 누구라도 경쟁을 거치고 고난과 시련의 과정을 겪는다. 겪고 극복해 사는 과정이다.

자신의 삶을 높이고자 이러한 방법서를 남기지 않는, 흔적 남길 여유 없이 자기 삶의 급을 올리기 바쁜 세태다.

시간이 에너지이건만, 당장 내 삶에 보탬이 되는 건 아니건만 그럼에도 다양한 인생 문제의 해법을 축약해 남기는 데 고심하는 이들도 있다.

경쟁의 삶, 우울해지고 여유가 점차 없어지는 시대 '인생 양면'의 실체에 대해 – 빛과 어둠, 음과 양, 좌와 우 – 코로나 시대가 이어지고 있으나 이 또한 지나갈 것이다. 인생의 다양한 변수 속에서 하나씩 목표로 이루어 나가는 방법이 '골고스리(Goal Go Stop Repeat)'요, '존업'(존재감 올림, 存UP) 훈련법이다.

필자의 훈련법 '존업存UP' – '인의예지신'

어떻게 하면 쉽게 각인이 될까를 고민하며, 다양하게 생각했다. '존업'에 대해서 오행을 적용해 풀어 본 외에 수치를 넣어 기억하기 쉽게 만들어 훈련했다. (이 수치는 필자의 개인적으로 기억하는 수치이니 의문을 가질 필요는 없다.)

이 방식은 필자의 방식의 한 예이기에, 각 독자님은 각자의 방식으로 응용하는 훈련법을 만들면 된다.

- 인(木): 엄마 마음(내 탓이요 · 자식 잘못도 다 내 탓이요) ➡ 5311 습(목)
- 의(金): 동고동락(힘들 때 · 고통스러울 때 도망 않고 가까이) ➡ 789 전(금)
- 예(火): 3070관(화) · 화가 지나치면 예가 없음 · 지식이 넘치면 모자람만 못함 · 맹사성 · 찻잔이 넘쳐 방을 망침 · 명심보감 · 문에 부딪히지 않으려면 낮추어야 · 욕전선겸 · "존경받고자 하면 나를 낮추어야"(存UP · 욕전선겸)
- 지(水): 지식으로 앞장서고 ➡ 2728운(수) · 양면 극단 지혜로움으로 방향 가르마 · '지혜'로써 양보함(나와 싸움에서 나의 단점을 극

복하라 가르침)
- 신(土): 믿음을 잃으면 살아도 죽음이라 · 자신감 · 범사에 감사하는 삶 · 행복지수 높이는 삶 ➡ 21식(토) 한 끼 범사에 감사하며 식습관부터 하나씩 바꾸는 것

'오행'을 조금 다른방식으로 새롭게 해석해 보았다.

두 눈으로 보면 밝아서 좋고, 한쪽 눈으로 보면 일목요연해 좋고, 잘 살면 풍족해 좋고, 여유롭지 못하면 노력해 좋고, 육신의 고통은 죽지만 않는다면 건강의 소중함을 일깨워 주셔서 감사한 것이다.

성공 혹은 성취에서의 행복이 오래가지 못함은 고난의 시절을 쉬이 잊어버리기 때문이기도 한 것이 인간의 한 특징이기도 하다.

'명심보감'은 일종의 '행복론'이기도 하다(비교로 인한 불행이라면, 양면 중 못한 이를 비교함으로써 순간의 감정을 피하는 방식이다).

'지족자 빈천역락' '부지족자 부귀역우'. 족함을 아는 것(Goal·gostop 변곡점)·나의 물질(부)의 족함을 알고 더 이상 물질에 연연하지 않고 정신. 즉, 영적 성장과 풀이, 축약을 남기기 위해 정진해 오는 중이다.

'욕존선겸'·'존업(存UP)'의 한 방식이다.

이 장의 숫자를 넣게 된 이유와 수치는 각 상황과 기억을 위해 필자만의 고유한 방식으로 넣었다. 각자의 방식으로 다르게 훈련할 수 있다. 이 방식을 통해 응용, 좀더 구체화 시켜도 좋다.

존업 & 존버 · Goal · Go · Stop · Repeat

일상과 여행

빛과 어둠

가다 서다

일하다 쉬다

깨어나고 자고

오르고 내리고

기쁨과 괴로움

약이 때론 독

인생의 '양면'이다. 에너지는 양극단의 파동의 움직임이요 이 속에서 매일의 순간순간 '선택'의 반복이다.

고정된 세력과 지지층을 위해 갈라치기 위한 논리와 명분을 한쪽으로 몰아가야 할 정치적인 이유를 경계하고 스스로 구슬을 보배로 꿰려면 양파동의 실체를 알고 에너지를 잘 모으고 집중해 삶에서의 우선순위를 부여해야 한다.

인생에 주어진 시간을 한쪽으로 왜곡시킨 시선이 아니라 양 측면을 골고루 보고 직시하고 순간순간의 소중한 에너지 시간 스킬을 훈련하면 인생 여행은 늘 새로움이 있다.

삶은, 인생은 그 조화로움 속에 자신의 주어진 시간을 운전해 나가야 한다.

스스로 가진 구슬을 꿰어 스스로 보배로워지는 것.
하루하루의 빛과 어둠 낮과 밤, 시간의 축적과 시간의 가치.

2023년 새해

황새는 날아서
말은 뛰어서
거북이는 걸어서

달팽이는 기어서
굼벵이는 굴렀는데
한날한시
새해 첫날에 도착해 있었습니다.

새해라는 '시간'인 것입니다.
바위는 앉은 채로 도착해 있었습니다.

잠시, 또 쉬는 겸 SNS 여담을 옮겨 보았다.

살아있는 누구에게도 공평히 받는 게 많지 않은 것 중의 하나인 주어진
'시간'을 어떻게 보낼 것인지에 대한 고민과 스스로의 내공이 있어야 한다.

나는 배웠다

다른 사람으로 하여금 나를
사랑하게 만들 수 없다는 것을…
내가 할 수 있는 일은
사랑 받을 만한 사람이 되는 것뿐임을…
사랑은 사랑하는 사람의
선택에 달린 일.

나는 배웠다.

내가 아무리 마음을 쏟아
다른 사람을 돌보아도
그들은 때로 보답도 반응도
하지 않는다는 것을…
신뢰를 쌓는 데는 여러 해가 걸려도
무너지는 것은 한 순간임을…
삶은 무엇을 손에
쥐고 있는가가 아니라
누가 곁에 있는가에
달려있음을 나는 배웠다.

우리의 매력이라는 것은
15분을 넘지 못하고, 그 다음은
서로를 알아가는 것이 더 중요함을…

다른 사람의 최대치에
나를 비교하기보다는
나 자신의 최대치에
나를 비교해야 함을 나는 배웠다.
삶은 무슨 사건이
일어나는가에 달린 것이 아니라,
일어난 사건에 어떻게

대처하는가에 달린 것임을…
또 나는 배웠다.
무엇을 아무리 얇게 베어낸다 해도
거기에는 언제나 '양면'이 있다는 것을…
그리고 내가 원하는 사람이 되는 데는
오랜 시간이 걸린다는 것을…
사랑하는 사람에게는 언제나
말을 남겨 놓아야 함을 나는 배웠다.
어느 순간이 우리의 마지막 시간이 될지,
아는 사람은 아무도 없으므로…

두 사람이 서로 다툰다고 해서
서로 사랑하지 않는 게 아님을 나는 배웠다.
그리고 두 사람이 서로
다투지 않는다고 해서
서로 사랑하는 게 아니라는 것도…
두 사람이 한 가지 사물을 바라보면서도

보는 것은 완전히 다를 수 있음을…

나는 배웠다.

나에게도 분노할 권리는 있으나

타인에 대해 몰인정하고

잔인하게 대할 권리는 없음을…

내가 바라는 방식대로

나를 사랑해주지 않는다고 해서

내 전부를 다해 사랑하지 않아도 좋다는 것이 아님을…

그리고 나는 배웠다.

아무리 내 마음이 아프다 하더라도

이 세상은 내 슬픔 때문에

운행을 중단하지 않는다는 것을…

타인의 마음에 상처를 주지 않는 것과

내가 믿는 것을 위해 내 입장을 분명히 하는 것

이 두 가지를 엄격하게 구분하는 일이

얼마나 어려운가를…

나는 배웠다.

사랑하는 것과 사랑 받는 것을…

좋아하는 글 중 '오마르 워싱턴(Omer B. Washington)'의 〈나는 배웠다〉라는 시도 옮겨 보았다. 필자가 남기는 '양면'에 대한 시각과도 비슷함이 있어 옮김이다.

공부 사례 : 명리·손금·전생

    지난 20여 년, 나를 아는 공부들을 3가지로 축약하면 명리 공부·손금 공부·전생 공부다. 여기에다 부와 모계의 유전자다.

    '인간 삶을 개선(점진적 발전, 상황개선 등)하는 방법'에 대해. 여러 방식(종교, 정치 등)이 있지만 요약하면 '나(I)를 아는(명리, 손금, 전생, 유전자) 공부+'자기계발 방식'이다.

전통적 방식과 현대적 방식의 결합

    명리의 장점도 많으나 예외적인 사항도 많아 필자는 손금으로 전체 윤곽을 봤다.

    두 가지의 이견에 대해 스스로 답을 해봤다.

- 명리 구성이 좋아도 사고를 치는 아이들은 사고를 반복해 친다?

      (➡ 사고 치는 것에서 빠져나와 인간이 되어 가는 것은 '스스로'의 '의지'와 반복하는

'현실개조'의 방법이다.)

• 명리 구성이 나빠도 현실을 극복하고 잘 살아가는 이들도 있다?

(➡ 그럼에도 대운의 흐름이 분명 있기에 이를 무시할 수는 없다)

그래서 이왕이면 수많은 나를 아는 공부들 중 간단히 '스스로' 사주와 대운의 흐름을 공부하고, 자신의 장·단점을 파악해 스스로 공부해 보는 방법이라고 해석해 보았고, 필자도 명리 쪽 특별한 고수도, 전도사도 아니나, 간단한 명리적 시각을 이해하는 요약을 해봤다.

1) 우선 자신의 '생년월일시', '일간'이 무엇인지 검색해서 배운다.
   60갑자 중 누구나 1/60로 각기 다른 형태다. 즉, 명리적 해석으로는 사람 성격은 60가지로 분류함이란 의미다.

2) 본인의 '사주팔자'의 구성을 익힌다. (천간과 지지·연지·월지·일지·시지)

3) '대운', '세운'이 어떤지를 익힌다.
   과거는 공부하기가 어려웠기에 소수의 지식인만 접근 가능했으나, 요즘은 인터넷 검색, 유튜브 등을 통해 공부할 수가 있는 시대다.

4) 누구라도 좋을 수만도, 나쁠 수만도 없다는 것을 익힌다.
   누구도 8자가 완벽함이 없고, 운 흐름의 기복도 있다.

5) 과거, 현재, 미래(시간), 세상이라는 공간에서, 인간으로 태어나 때에 맞춰 효율적으로 잘살다 가고자 함이라면, 처음에는 이해가 다 되지는 않는다. 익기까지는 시간이 조금 요한다는 것을 각오한다.

용어부터 풀이까지 익힐 것이 좀 된다. 그러나 명나라 시대 이후 수천 년 이어온 이유가 무엇인가?

인생 사이클에서 누구라도 10년마다 대운은 돌고 돌아간다.

목·화·토·금·수 일간과 오행 공부를 하다 보면 인생의 많은 깨침도 준다.

'나⑴'의 '성정'과 '기질'과 '운흐름 변화'에 대해서 여러 가지 나를 아는 공부 중에 그래도 가장 잘 맞기에 소개한 것이다.

┃ 필자의 사례와 공부(1)

8자는 고정되어 타고나더라도 운 흐름의 사이클이 있기에, 어찌 보면 8자와 운 흐름 특히, 10년 단위의 대운이 그 삶의 사이클, 주기다.

나름 이 주기를 보면 삶의 사이클을 짐작하고 또 스스로 어느 정도 미래를 대비할 수 있다.

그 사이클에서 누구도 좋지만도 나쁘지만도 않은 이 인생 사이클을 인지하게 되고, 운 흐름이 나쁠 때 견디는 방법을 익히는 것이 궁극의 인생 내공이기도 하다.

즉 나설 때, 확장할 때, 혹은 움츠리며 내공 다질 때 등의 자기조절 능력을 익히게 한다.

강태공이 낚시 등으로 때를 기다리며 72년이나 낚았듯이, 낚시도 좋고, 자신이 끌리고 좋아하는 방식으로 때·시간의 힘 내공을 익히고 기다릴 줄을 알아야 한다.

필자는 지난 20년이 강태공의 방식이라면 '낚시 드리우던 시기'임을 알았다.

그러기 위해선 육신의 건강도 돌볼 줄 알아야 한다. 물질의 곤궁함도 해결해야 한다.

각기 방식은 다르나 대운이 나쁜 시기일 경우 '가능한 한 마음의 평정을 유지하고, 견디고, 시간 내공을 키우고, 향후 도약 준비하는 방법을 스스로 찾으라는 시기'라고 해석하면 크게 다르지 않다.

10년, 10년, 지난 20여 년은 대운의 흐름을 명리를 통해, 스스로 돌아보면서 공부를 했던 것이기도 하다(이 공부는 평생 하는 공부요, 내공이다).

필자는 이 시기 일상 속 짬짬미 '세계 100개국 여행'을 진행하다 코로나 시대가 오고 더 이상 외부로의 궁금함이 없어 내면으로의 여행을 하고 있고, '기타 곡'을 남기기도 했다.

자신을 공부하고, 때를 알고 견뎌야 할 땐 견뎌야 한다.

성장 분야에 종사하게 되고 내 성장 한 가지 측면만을 보아서는 세상 이해의 한계가 있고 여러 충돌하는 요인도 보게 되고 시간을 아는 공부, 사람을 아는 공부, 공간을 아는 공부, 융합해 인간, 공간, 시간을 알고자 함에 도움도 되었고, 이것을 위해 명리, 손금 전생요인 등을 공부하며 세계여행을 다니는 것이기도 했다.

때가 아닐 때는 나서기보다는 더 견뎌야 함이고, 비우고 겸손을 더 길러야 한다. 음양과 오행, 파동의 움직임이요 변화에 따라 견디고 또 견디는 시기를 거치다 보면 내공도 쌓이고 때도 반드시 온다.

본인의 사주 명리 공부는 책 보고, 동영상 듣고, 검색하고, 때론 내공의 정진을 위한 상담을 받기도 하며 진행했다. 시간이 지나면 조금씩 조금씩 눈이 떠진다. 이 공부는 10년, 20년, 아니 평생하는 분들도 많다.

과거 시대는 '시간'을 공부하는 공부라 시대의 가장 앞선 이들이 공부했지만, 시대가 바뀌었음에도 '시간'에 대한 공부, '인간'에 대한 공부, 그중 '나(I)'를 아는 공부로, 가장 내 특성을 잘 알려준다.

인생 굴곡을 겪어보면 인간, 공간, 시간을 아는 공부 중에서 이것만큼 적중률이 높은 학문은 아직은 없다고 본다.

그러나, 인생은 8자 구조와 운 흐름만으로 다 충족되는 것도 아니요, 거기에다 스스로의 '의지(천간)'와 '실천력(지지)'이 가미되어야 인생이 밝아지고 바뀌어 가기에 '운' 흐름을 알고, 받아들이고 피하는 방법 또한 깨쳐야 한다는 것이다.

궁극에는 '지지' 훈련과 Skill 훈련은 '지지'의 실천력 강화 훈련법이다.

남(男)이면 여(女)일 수 있고, 이성운, 재물운, 직업운, 형제운, 대운, 세운, 월운 등 많다.

운이 안 좋은 시기에 들어서면 유연하고, 나를 낮추고, '겸손'해져야 한다. 이 말은 잘 아는데, 막상 기고만장하게 살다가 겸손이 금방 잘되겠는가? 당연히 잘 안되게 되어 있다.

내 의식을 스스로 바꾸는 방법 중에 '절', '하심'운동, '하트에너지' 충전 등도 있지만, 내가 점수로 90점이 아닌 '스스로 50점'을 주어 '내 가치를 내 스스로 낮추는' 방법이 있다. 내 의식, 무의식의 관점을 낮추는 것은 이 방법 또한 탁월한 효과다.

　운 흐름이 안 좋은 시기를 스스로의 의식훈련으로 피해 나가는 방법들이다.

　'내가 별거 아닌데, 상대가 나를 위해 주는데 얼마나 감사해?' 상대에게도 50점만 기대하고 채워지면 감사해짐이 숫자를 넣은 것이 이러한 이유다. 부부공존은 50:50이 가장 좋다. 각자 각인, 점수가 다를 수 있기에 이 정도만 요약한다.

　작은 것에 감사하고, 하나씩 하나씩 '스텝 바이 스텝'으로 조금씩 모으는 훈련이 필요하다.

　기혼자는 내 곁에 있는 아내에게 감사하고, 내가 가진 것에 하나씩 감사하고, 조금씩 현실을 개선해 가는 방법이 가장 좋은 현실개선법이듯이 내가 50점인데, 상대에 대한 기대치를 90점을 찾으면 늘 엇박자다. 곰곰이 지난 시기를 돌아보고 '겸손'해지는 것, 나를 낮추는 멘탈훈련에 수치화도 좋다.
　이것이 바닥의 시점에 스스로 운을 바꾸어 가는 시작점이요, 이를 반복하다 보면 운이 좋은 시기는 반드시 도래한다.

'운'의 바닥 시점에 스스로 집중해 반전시켜 만들어 가는 방식이다.

대부분의 부부공존에서 서로 내가 '주도권'을 잡고자 할 때 갈등이다.
내 기질을 공부하고, 부부가 공존하면서 건강하게 자식들 잘 키우는
것을 목표로 삼았기에, 서로가 잘하는 '역할분담'의 방식으로 해법을
찾았다. 큰애도 졸업 후 IT업에 취업했고, 올해 둘째까지 원하는 전문
직 대학 입학해 자녀 독립의 숙제도 막바지다.

명리의 방식으로라면 자신을 살피고

- 대운이 나쁘면 나쁜 대로…. Stop
- 좋으면 좋은 대로…. Go

여기에는 늘 인생의 가고자 하는 '목표(Goal: 가정, 건강, 명예, 부 등)'를 확실
히 둬야 한다.
이 과정을 '반복(Repeat)'해 나가며 누구에게도 방해 주지 않고, 스스
로의 목표에 도달하는 방식이기도 하다.

누구도 타고남은 완벽할 수가 없기에, 크고 작은 고충과 함께하는 삶
이다.
궁극에는 자신의 단점 극복이 인생도약, 성장의 관건이요 핵심이다.

2001년 '임오', 2011년 '신사' 20년의 바닥에 '화'가 깔린 운이 지나면

'경진(庚辰)'의 정관 대운이 들어오고, 2021년부터 경금이 '정관'이요, 거기다 토생금(土生金)까지 이루어짐을 본다. 사실상 10년의 관운 등 40여 년의 재운 흐름이다.

지난 50여 년을 사실상 이때를 꽃피우기 위해 보내왔다고도 해석을 한다.

신살 등으로는 건록, 금여 등이 있기도 하지만, 바로 위 누나가 시인, 과천문인협회 회장 등 글을 쓰다 지역정치(시의장)하는 것을 보면서, 한때, 정치적 방식으로 꿈을 키울까도 생각해 보기도 했다.

두 가지로 상이한 해석이다. 명리학자의 상반된 조언이기도 하다.

중요한 것은 '내가 보는 정치에 대한 시각이다.'

현재의 정치구조 속에는 들어가면 초심을 버리고 휩쓸려 들어가 가까이 않느니만 못하다는 것이다. 그래서 지금까지도 그러해 왔고, 누나가 더 정치 쪽에 머무르는 것도 말렸고, 이후 다시 누나는 시로, 나는 내 방식의 책을 통해서 '양극화 문제의 해법', 정치로서는 기대하기가 어려운 것을 '근원적인 스스로 벗어나는' '자기계발서'의 방법서를 남기는 것이다.

또 하나는 '때가 이르면 내 생각마저도 바뀐다'였다. 그것은 아직은 미래를 더 살아 보질 않아 모르겠다. 분명한 것은 내 생각을 하나, 둘 글로 남겨 문제의 해법을 찾아 한 사람이라도 그 방식을 익혀 인생의 고통에서 벗어나는 것이 인생 후반기 삶의 방식으로 살아감이다.

또한, 글을 쓰고 요약함은 '전생'에 이은 '업'이 아닌가? 스스로 되뇌어 본다.

궁극엔 자신도 내면의 발전과 주어진 공동체에 기여함도 시간이 지나 '자연인'으로 돌아와야 함이라 보았다. (지난 1편에서 주어진 환경에서 나를 바로잡고 가정을 성장시키는 '수신'과 '제가'를 행하고, 왕권국가의 통치이념인 권력의 위계로 다스림의 '치국'이 아닌, 민주국가에선 재능기부 개념의 '위국'과 자연인의 '평정'으로 돌아옴의 수직 리더십에서 수평 리더십과 함께 '수신(修身)' '제가(濟家)'를 이룬 이후 '위국(爲國)' '평정(平靜)'이 새롭게 필요함을 남겼었던 바이기도 하다.)

권력 쟁취의 장이 아닌 '공동체를 위한 역할의 기여'는 아직은 대단히 멀고도 어려운 길이다.

기존의 '이타(利他)'를 지향한다면서 자신의 급을 올리고자 하는 기존 좌·우의 정치구도 속에 함몰되어가는 방식과는 맞지가 않음이요, 내가 가까이 하는 여부의 구분이 되었기도 하다. 이 또한 더 '나(I)' 자신을 살피고 지켜볼 일이다.

손금은 명리와 다른 방식의 나를 보는 공부다. 이 또한 여러 고수들이 많고, 유튜브나 검색 등을 통해 고수의 자문을 받을 수 있으니 참고하면서 내 운 흐름의 위상. 건강. 성격, 감정 등 손바닥에 나타난 과거·현실·미래를 유추해 보기 바란다.

전생 또한 파동을 통해 이 분야 또한 이미 고수들이 있어 나의 궁금증에 도움이 될 수 있었다. 손금의 삼지창과 v자 태양선, 목성구로 휘어진 운명선 등은 책을 남기고 있는 것과 명리와 손금 전생 해석이 궁극에는 비슷하게 예견이 되고 있다.

본인 또한 10여 년 전 박진여 전생연구소를 통해 아내와 자녀들 등의 전생과 현실의 관계에서 명리·손금 등에서 의문이 풀리지 않던 것을 이를 통해서 많이 해결되었다.

명리·손금, 전생을 통해 궁극에는 나를 알아보는 방식은 필자의 지난 시간 그리고 앞으로도 지속이 될 것이다.

그 외의 MBTI 등의 방법도 많지만, 각자의 방식에 맞게 각자의 내공을 키워 자신이 어떠함인지? 나를 아는 공부가 궁극에는 인생고수의 길이다. 가르쳐 주어서 아는 것이 아닌 가능한 이론을 참조해 스스로 의문을 품고 답하는 과정, 유학공부의 '학문사변' '격물치지' '성의정심' 방식이다.

일단 국어의 주제 파악이든, 산수의 분수를 아는 것이 가장 중요한 공부의 핵심이다.

'나(I)'를 아는 것이 백전백승의 기초이자 마지막 관건이다. 상대와의 싸움은 부질없다는 것을 깨치고 나면, 자신의 양면 내, 외면과의 내 단점의 극복, 혹은 투쟁 과정이 인생의 결실과정이요 가장 어려운 단계다.

자신과의 싸움은, 자신의 부정 에너지와의 싸움이기도 하고, 단점극복, 자기 극복 과정이란 것을 머지않아 알게 된다.

이 단계를 넘으면 비로소 축복이 온다.

'극복'이 '축복'으로 변하는 시간이 반드시 온다.

┃ 필자의 방식 · 3가지 Self 변수(2)

❖ 각자 다른 3가지 변수

➡ 재능·운·노력

사람의 다름을 기존의 자기계발서에는 구분하지 않다 보니

- 나는 노력을 해도 안 된다.
- 그래도 재능보다 노력이다.
- 한 우물을 파라? 아니다 잘못 파면 아무것도 안 나온다. 여러 길을 파라?
- 나설 때 안 나설 때 타이밍을 못 잡는다?

그 변수와 해법을 묶고, 각자가 공부할 것, 익힐 것, 그 단점을 극복할 방법을 필자 방식 예시로 축약했다.

❖ 필자 해석방식

운(기복 인지: 오르내림·대운·세운 주기·폭 줄임 지속 기도key) ＋ 재능(타고남: 단점 파악

이 key · 전생 등 요인·일주·오행·음묘·부 & 보 유전자(부모·형제 객관적 장단점) 손금) ＋ 노력

(방법상·Repeat(반복) 시간(우선순위·시간·반복·타이밍) 공존법·리더십·팔로우십·중행)

❖ 사람의 특성적 지향 2 Type (50% 기준)

- 외부지향 · 나를 멀리 보는 · 망원경 사용(소양 · 태양 · 명분에 움직임 · 리더들 · 영웅들 · 단명 · 자손들의 초년 고통)
- 내부지향 · 나를 가까이 보는 · 현미경사용(소음 · 태음 · 내 눈앞 · 내 이익에 움직임)

Self 성향 극복법 ➡ 보는 방식 바꾸고(지난 20년 대운)+가까운 곳부터 하나씩 실천하기(수처작주 입처개진)

❖ '셀프 장단점' 분석(극복요인)

현재 바뀐 대운 흐름: '경진' 대운, 을묘·직진을 잘못함에서 전진하는 대운 흐름으로 바뀜

(지난 삶, 똑바로 직진해 가는 것이 아닌 다양한 곳을 둘러 다님, 예민, 여행·책·음악 등 다양한 시도)

- 을묘: 직진 훈련
- 목표 정진 훈련
- 선택 & 집중 훈련: 목표 수 줄이고, 목표 반복
- 관계 줄이고, 감정 소모 줄이기
- 시간 양 · 타이밍 · 반복(24시간 축약 · 새로운 정진)
- 대운 흐름: 지난 20년의 지지의 화대운 지나 향후 40년은 재대운으로 지난 20년의 시련기, 단점극복 요약 중
- 손금 해석: 삼지창 · v태양선, 천금문
- 전생 해석: 전생의 다리불편 학자 · 두 자녀는 제자, 여행 등은 전생에 못 해본 갈증 해소, 현생 후반기 이후 전생에 이어 책 쓰고 남기기

명리·손금·전생의 조합으로 승자독식, 적자생존, 양극화와 오징어 게임화되어가는 현실에 대한 해법을 찾고자, 좀 다른 방식의 책을 쓰는 중이기도 한 것이다.

필자의 이 방식을 응용해서 독자의 자신을 아는 공부와 자신의 명리상, 혹은 다른 해석상 장단점이 분명 있을 것이다.

'단점 극복'이 궁극에는 '자기계발'이다.

응용해서 인생주인이 되는 방식을 시간의 힘으로 정진시켜 보길 바란다.

공보다 글 갖고 노는 기질

▌ 자기만의 기질을 따라가게 되어 있다

얼마 전 고교친구들을 모아 만든 KMNP클럽 정례회동에서 N이 버디쇼를 펼쳤다. 성적이 가장 잘 나온 그가 저녁을 산다고 해서 뒤풀이에 맥주 한잔을 했다. 친구들과 이런저런 얘기가 오가던 중 말수 적은 편인 N이 입을 열었다.

"나는 공을 가지고 노는 걸 잘한다."

내가 봐도 그렇다.

고교 시절에는 축구를 잘했고, 대학 시절은 당구 500을 쳤다. 이후 2000년대 초 골프를 나와 비슷하게 시작했는데, 그간 홀인원을 두 번 했고, 올해도 얼마 전에는 홀의 깃대를 두 번 맞추었다.

그 친구는 말과 글로써 일하는 변호사임에도 불구하고, 친구들이 모인 자리에서는 말수가 별로 없다. SNS에도 마찬가지다. 말, 글보다는 '공' 가지고 노는 걸 좋아한 것이다. 검사, 판사 등도 공직을 마치고 변호사가 되면 민간인 영역이다.

궁극에는 사람 관계요, 수주요, 영업이 관건이다.

이 친구가 서초동에서 법무법인의 대표변호사를 할 수 있는 이유가 유추된다.

- 말 · 글은 핵심적으로 적게 하고(다른 이들도 다 잘 한다.)
- 운동신경이 발달했으니, 운동하면서 핵심적인 실천력 내공이 나오는 것

명리해석을 빌자면 '천간'이 발달하고, '지지'까지 발달해 굳이 자기계발 쪽 공부를 특별히 안 해도 진전의 실천이 되는 이들이다.

운동신경이 발달하였다 함은 '실천력'이 강하다는 의미다. 셀프 테스트 중 달리기다. 학교 다닐 때 달리기를 잘했던 친구들은 축구도 잘하고, 손발의 기능 실천력, 즉 '지지'가 발달해 있다.

반면, 필자는 공 가지고 놀기를 별로 잘 못 한다. 나도 형제들도, 바로 위 4살 터울의 누나도 공보다는 글을 가지고 노는 걸 좋아했다. 시어로 만들고, 시집을 내고 하던 누나가 문인들이 많은 과천에서 문협회장이 되고, 시의원이 되고, 시의장이 되는 과정을 보았다. 시장은 떨어지고. 그나마 연지(소띠 · 丑)라서 또박또박 '축'이라는 진전하는 지지가 있고, 운 흐름이 맞을 때 진전하는 요인을 본 것이다.

필자는 손발을 쓰는 이과 공부를 했음에도 글을 가지고 노는 중이다.

▎숫자보다 글이 더 맞는 기질

고교 2년 때 이과로 갔고, 당시의 학력고사에서 시험장에 늦어 오전 시험을 망치고, 재수할 형편이 아닌지라 점수에 맞춰 지방국립대에 진학해 건축을 전공했다. 전자계산기와 제도기는 내가 잘 가지고 노는 패턴과는 달라 2년간을 방황하다 훌쩍 입대했다. 군 생활 27개월이 지나자 현실을 자각했고 복학해 과 생활을 충실히 했다.

복학 전, 결혼할 때 주례하신 교수님의 프로젝트 보조를 하다가 복학 후에는 과대표 등 어딘가의 리더가 되어 내 방식으로 이끄는 재미를 처음 느꼈다. 이때에야 비로소 대학 생활의 추억을 간직하고 싶고, 남기고 싶어졌다. 인생이란 돌아보면 자신이 주도하고, '자신이 주인공'이 되었을 때의 기억이 유독 선명해짐을 알 수 있다.

이 책의 제목을 '인생주인 훈련법·Owner Skill'로 잡은 것도, 자신의 삶에서 주인공으로 사는 시기가 결국은 가장 기억에 잘 남기 때문이다.

직장생활의 업무도 사업성 검토서 등 숫자 작업도 많이 했지만, 글을 가지고 축약하는 것을 유독 즐겨 했다. 기획서, 보고서 등에서 광고, 홍보 문구, 브랜드를 만들었다. 유전자를 비슷하게 받은 바로 위 누나가 시를 쓰다, 시장 떨어지고, 다시 시를 쓰면서 잘하는 데 집중하는 것을 봐도 어머니 쪽의 기질이 아닌가 생각한다.

노후에 침침한 눈으로 신약·구약 성경을 볼펜으로 필사, 책으로 남기시고 가셨다.

'家和萬事成'이라는 붓글씨 액자와 함께 글 가지고 노는 게 더 맞는다는 해석은 부와 모의 유전자에서 나오기도 하고 더 거스르면 전생

요인으로도 유추를 해 봤다.

아내의 후배 중 형제들이 다양한 지적 활동을 펼치는 사람이 있다. 형제와 배우자까지 합하면 판사·검사·변호사(2)·약사 등 골고루 다양한 업역에서 종사하고 있다. 얼마 전 **참모총장에 취임한 사람도 있다. 나름 현생의 지적이고 판단 영역에 대해선 한 고수의 유전자들이다.

그 집안의 형제들이 다녀와 현생의 삶의 궁금증을 풀었다고 '언니도 전생 풀이 한번 다녀오라'고 권했다.

이렇게 해서 한번 박진여 전생연구소를 다녀왔다.

'파동'을 통한 전생리딩에 따르면 나는 전생에 '학자'(어느 경지에 오름)였고, 두 다리가 불편해 아내가 거의 24시간 나를 돌보았다고 했다. 전생의 덕으로 현생의 아내는 약사가 되었고, 나는 두 다리가 자유로운 삶을 살고 있다. 두 다리가 자유로움에 여행에 대한 열망도 있었고(한때 세계 100개국 여행을 목표로 일상 중 다녔고, 지금은 충족이 되어 특별한 궁금함은 없다) 당시의 빚 갚기로 미국 국제운전면허가 있으면서도 운전 연습 트라우마로 장롱면허 신세인 아내의 손발 역을 하고 있다. 운전하는 것도 전생의 빚 갚기였는지? 현생의 지금까지의 루트도 그리 해석하면 잘 맞다.

두 아이는 스승에게 쓴소리하는 제자들이었고 전문분야의 일을 한다고 하는데 이 관계도 맞는 듯하다. 지금껏 아이들에게 아버지로서 대하기보다 스승이 제자 대하듯 살아왔으니 말이다. 고쳐야 하는데 잘 안 되는 부분이다. 또 큰아이는 대한민국 대표 IT 기업 4년차, 작은아이는 올해부로 약대 합격을 한 것을 보면 이 또한 맞다.

한때 궁금한 곳을 찾아 나서며 세계 3대 야경이라는 부다페스트, 프라하, 파리 등 전생에 못 해본 걸 현생에서 대부분 구경을 해보았고, 궁극에는 가까운 내 나라 30분 거리의 내가 태어난 대한민국 서울의 한강 야경이 더 멋있을 수 있음도, 에펠탑의 전망도 훌륭하지만 가까운 잠실 롯데타워의 전망도 더 볼거리도 훌륭함을 깨치게 되었다. 바깥에서 찾는 과정을 여한 없이 해보니 시야를 안으로 돌려 찾는 현생에 온 목적이 무엇인가에 대한 눈을 뜨게 되는지 모르겠다.

20여 년 내 방식의 양극화 해법, 인생 문제를 풀어가는 요약서, 방법서를 만들고자 함인데, 왕이 나라의 주인인 군국주의 시대는 충분히 통용될 수 있으나, 자유민주주의(自由 民主主義) '국민이 주인인 시대'가 되었다. 공자의 위계의 방식의 통치, 다스림으로는 답이 안 나와, '수신제가 치국평천하'의 용어부터 바꾸어 재능기부, 역할기부 후 자연인으로 되돌아오는 '수신제가 위국평정'이라고 했다.(2016)

수직이 아닌 수평 리더십의 시대다. 그러나 대한민국 현실 속의 정치는 그곳에 발을 들이는 자체가 위계 구도를 선호한다는 뜻이다. 거기에서 답을 찾을 수 없어 노자와 장자의 '무위자연'으로 눈을 돌렸다. 노자 장자가 꿈꾸는 세상이 된다면야 얼마나 좋을까.
그러나 현실은 〈오징어 게임〉과 같은 적자생존, 승자독식이고, 현실을 벗어나려면 무위자연의 방식만으로 살 순 없다.

오히려 노자가 아닌 스피노자의 시각에 더 가깝다. 또, 부처님의 공 사상만으로는 현실의 가정은 주어진 시간 수행자의 삶이 아니기에 게 임하듯이 나를 바꾸는 훈련해 '상호상생공존'해서 사는 것이 현생의 내 가 가는 방향이다. 멀리서 해법을 찾는 것이 아니라, 가까운 데서, 나 부터 바꾸어 가면서, '수처작주 입처개진'에 함축된 의미를 현실에 하나 씩 실천하는 것이다.

같은 직업이어도 기질이 다르다

지난 20년 이러저러한 의문에서 시작한 전공과는 다른 내 방식의 공 부였다. 나의 전생에 관한 의문과 현생의 내 삶에서 오는 의문을 해소 하는 계기가 되었다. 아내는 약사·한약사로, 아이들도 큰아이는 IT 회 사에 4년차로, 작은아이는 올해 마지막 PEET 등을 거쳐 약대 (2+4) 3 학년에 합격해 자신들의 길을 찾아 독립된 길을 가고 있다. 전문분야 의 길을 갈 것이라는 전생해석이 지금까지 다 맞다.

어느 날 인근에 있는 아내 후배의 명리구조를 보니 오행을 골고루 타 고난 팔자였다. 개업하지 않는 관리약사로 근무한 이유도 일지만을 보 고서도 같은 약사라도 패턴이 다른 것을 유추할 수 있었다.

아내는 '축'의 한 가지 뚜벅의 진전이 있다. 25년 이상 한 군데서 약 국을 하는 힘이 여기에 있고, 지지에는, 실천하는 힘에는 그러한 중화 된 기운이 더 있다.

후배는 '묘'다. 집안의 변호사·판사·검사 형제와 배우자의 유전자다. 전문가이나, 자신의 가게를 운영하기보다는 관리약사가 더 맞는 이유로 유추된다.

개업한 약사가 더 좋고, 관리약사가 더 나쁘고 이런 개념이 아니다.

'축'은 한 가지 직업적인 측면의 실천적인 진전이 있고, '묘'는 다양한 재주를 가지고 있다. 두 발로 뚜벅뚜벅 진전하며 움직이고 반복하는 속성에는 잘 맞지 않는다. 그래서 축을 가진 사람과 주로 보완한다. 그러니 아내를 잘 따르는 듯하며, 관리약사가 더 잘 맞았던 것이다. 지난해 명절에 선물을 보내며, 편지 등에 '언니한테 평생 처음으로 보내는 거야~!!' 하고 쓰는 것을 통해 선물을 이렇게도 보내는구나 하고 배웠다.

필자도 '묘'가 있다. 그래서 필자는 사업도, 책도, 기타도, 여행도 갖가지 인생 여행을 다양하게 해 나가면서 필자의 방식으로 '대한민국 상위 1%'가 쓴 자기계발서를 남기는 것이다.

전생과 현생을 공존하면서 자신의 장점이 무엇이고, 단점이 무엇이고, 내 현생의 타고난 명을 글 가지고 놀다 짬짜미 하나씩 남기고 있는 것이다.

▎ 명리 전생과 손금의 결합

일간(日刊)이 '을목'이요. 천간(天干)에 병화가 투출 술월에 태어나 병화 등 화기 운이 특히 많고, 지난 20년 '화' 대운(나를 태워버린)을 지나고, 재

대운 이 되어서 식습관 바뀌며, 몸도 바뀌고, 운도 바뀌는 시점으로 '을병을병' 즉, 태양의 강력한 빛을 받아 꽃피우는 시기이다. 향후 40년으로 본다. 10년 좋았다가 20년 나빴다가 40년이 좋다면 대운 흐름이 좋다고 해석한다.

손금 상 해석으로는 별 문양 & V태양선·삼지창·'도'와 '통'의 경계의 경지로 해석한다. 노력해서 이루는 최고의 경지라고 본 것이다. 그러나 단박에 탁하고 깨치는 통의 단계는 아니다. 경계치로 손금 쪽의 초고수의 해석이다. 아마도 글 가지고 놀면서 '인생역전 훈련법'을 남기는 것도 손금해석으로도 명리해석으로도 전생해석으로도 엄마 쪽 기질 유전자 해석으로도 부합이 된다.

더 지나봐야 함이고, 더 살아봐야 안다. 내일은 아무도 모른다. 그럼에도 내일이 지구의 종말이 오더라도 오늘 한 그루의 사과나무를 심는 사람도 있듯이, 내 방식의 진전을 하면서 살아갈 것이다.

지난 20년의 내면의 흔적을 《하트에너지》와 이번의 《오너스킬》로 정리하고 있고, 앞으로 10, 20, 30년 더 풀어서 남길지 아니, 당장 2024년에 또 새로운 방식과 자극과 요약으로 남길지는 아직은 모른다.

골프를 치다 '공' 가지고 논다는 고등학교 동창인 변호사 친구가 한 말과 엮어 필자가 왜 '글' 가지고 노는지 풀어 쓰다 보니 길어졌다.

그간 다양하게, 원 없이 놀았다. 향후 당분간은 글을 가지고 더 놀아야 할 삶이다.

주인 : 예시

문제 파악(듣거나·보거나·답사)

❖ **축약〉 목표〉 다양한 방법 검토〉 방법의 개선〉 시간 누적**

'건강' 혹은 '장수'로 Goal Go Stop Repeat 잡았다면, 전날 사람을 많이 상대하고, 스트레스가 많았으면 혈압의 변동 폭이 높고, 편안한, 특이한 스트레스가 없었으면 낮다는 것이다.

이것을 체크하다 보면 무엇을 하고, 무엇을 먹고, 무엇을 피하고 인생 중후반에는 만성질환 대부분은 습관의 누진으로 올 수 있다. 특히, 식습관의 누진이다.

내 몸의 허용, 처리 범위를 무시하고 수년, 수십 년에 걸친 입력이 만성질환으로 나타난다.

이는 유전자(부 혹은 모) 성향으로 말미암는다.

대표적인 만성질환이 고혈압·당뇨·콜레스테롤이다. 이것은 한쪽을 누르면 한쪽이 발생하는 3종 세트나 다름없다. 동시다발적으로 한쪽

누르면 다른 쪽이 튀어나와 나중에는 3가지 약을 먹는 경우가 많다.

약으로 질환을 치유할지, 아니면 식습관을 고치고 되돌릴 수 있는지는 단계에 따라 다르다. 다행히도 시점을 잡아 습관을 고치면 약 없이 정상으로 되돌아오는 방법도 있다.

물론, 약을 먹는 것과 식이요법으로 하는 방식 등 치유의 여러 방식 중의 각자 방식에 대한 업역이고, 그것까지는 왈가왈부하고 싶지는 않다.

약도 부작용이 있고, 식이도 부작용이 크든 작든, 선택에 따라 있다. 단, 정상 수치로 돌아와서도 다시 과거의 습관으로 안 빠져야 함은 모두의 관건이다.

어떤 선택을 할 것인가?

나 자신의 현 상황에 따라 선택해야 한다. 식이요법도 알고, 약도 알고, 궁극엔, '내 상태'를 알면 적합한 답을 스스로 '몸의 주인'답게 적합하게 정할 수가 있다.

시간의 누적, 습관을 바로 잡는 계기가 되어 바로 잡는 것은 미리 취하는 가장 내 몸을 위한 바른 가짐이다.

대부분 나를 알고, 내게 맞는 섭생에 달려있다.

한 끼 한 끼 약 먹듯이 '한 주 단위'로 '21식 습관'을 실천함이 가장 근원적인 '섭생훈련'이다.

정치와 망각

　인간 보편적 특성인 '망각'과 '경쟁'을 악용하는 대표적인 곳이 '정치'다.

　더러움을 꺼리는 인간의 보편심성과 우선순위를 익힌, 때론 대단히 잘못 익힌 악한 유형은 세상에 간혹 있다. 여기다 선동가적 기질이 가미가 된 잔머리의 잔재주까지 가진 이들이 있다.

　돈의 영향력을 이용해 권력 잡기 위해 노력하고 오기와 객기를 부리는 곳에 잘못 들어가 자칫하면 최악의 인간군상을 만나는 곳이다.

　대표적인 해외사례가 독일의 히틀러다. 이 나라에서도 지난 좌·우의 권력을 잡기 위해 싸우는 과정에서 그러한 유형들이 많이 드러났다. 공적 역할을 하고 각자의 삶을 개선으로 돌렸어야 함이나, 이미 그 싸움터에 빠져 있기에 다시 되돌리기가 어려운 속성이다.

　스스로의 양심으로, 오늘보다는 내일을, 더 나아지려는 인간 보편적인 심성을 키우고 계발하는 쪽이 아니다.

이는 전생 등 다양한 요인이 있고, 풀어 남기려면 또 길어진다.

그들은 사람의 망각을 이용한다. 말 바꾸기로 교묘한 말장난의 고수들이다. 그래야 그 업역에선 살아남는다.

그들은 선전, 선동술을 이용해 돈의 영향력을 가진다. 물론, 그중에도 진정한 초심을 가지고 변함없이 실천하는 이들도 있으나 많지 않다. 대단히 희귀하다. 아니, 초심은 정의로움이나 그 업역에 오래 몸담아 있다 보면, '수직 위계'의 권력 지향인으로 사람이 바뀌어버린다.

이 방식이 인간계의 한 속성이기도 함이라(영적 진보의 단계의 시각에서 볼 때) 자신도 모르게, 근묵자흑이요, 이 이치를 미리 알면서 가까이해서 권력 싸움, 정치집단에서 빠져나올 수도 없다 보니 그 바닥의 속성을 알았을 때는 이미 자신도 때가 묻어 좌·우 한쪽 세력을 등에 업어 빠져나오지 못하는 경우도 있다.

또, 오래 그 속을 발붙이다 보면, 선출직이라는 정치적 선택을 받는 곳에 뛰어드는 데는 비용이 필요하다.

그러면 그 비용을 누가 감당하는가? 집안이 태생적으로 그 비용을 대줄 수 있지 않다면 그 비용을 대주는 지지자와 세력과 함께할 것이다. 그 지지자는 자신의 계층, 이념을 대변해줄 대리인이 필요하기에 빚을 지고 시작한 것이다. 정치적 결정에 대한 빚이란 의미다.

따라서 향후 그 노선의 방향은 결국 그 빚의 요인에 따라 움직인다.

개인의 소신과는 거리가 먼 사람으로 흘러가게 되어 있다. 점차 몸집이 커짐에 따라 돈·에너지·인력·아이디어·집요함 끈기·해법 등 전방위적인 상대진영과의 사실상 혈투의 전쟁을 주기적으로 지방직 중앙직 선출직 2~3년마다 거치게 되어 있음을, 그 구도 속에서 예외를 찾기가 어려움을 보았다.

간혹 지지자와도 소신이 맞고, 빚도 없고, 그러한 사례를 유심히 보지만 찾기가 어렵다. 설사 그러한 사례는 세력을 얻기가 어렵다. 이래저래 해법이 모호한 데다 가까스로 진입하면 그 속에서 한 개인의 입신양명, 출세, 위계 구도에서 오르려는 속성과도 맞물린다.

정치로, 정치를 가까이해서 내 삶을 바꿀 것인가? 내 스스로 공부해서 내 삶을 바꿀것인가는 어렵지 않게 답이 나온다. 내 자신이 누구인가, 인간이 누구인가, 내 운 흐름이 어떠함인가를 스스로 공부해서 내 삶을 바꿀 것인가는 백신 접종만큼이나 개인의 선택이다.

필자는 두 가지 중 '스스로' 공부해, 스스로 운명을 공부하는 동기부여와 동시에 내 몸부터 알고 인생 내공을 익히는 방식을 택했고, 그 길잡이가 되도록 다양한 시각과 사례로 남기는 것이다.

탄수화물 과다
- '약'이냐? '식이'냐?

50대 중후반에 이르는 몸, 하나, 둘 몸의 신호가 오고, 질병도 나타난다. 못 먹고 사는 시절이 아니라 영양분의 과다가 한쪽은 중성지방으로 혈당으로 오르냐는 거의 유전자다.

아내는 혈액검사에서 중성지방이 높아졌다. 탄수화물을 줄이느라 식사량도 줄이고, 퇴근 후 걷는다.

나는 지난 시절 식습관의 영향으로 혈당쪽으로 올랐다. 어머니도 나이가 드시면서 혈당에 문제가 생겼다. 사람의 몸은 노화되면서 고장이 나는데 어느 부위 쪽으로 오느냐가 관건이다. 부모의 유전자 성향으로 주로 약함의 방식이 온다.

약 대신 여러 가지 방식을 시도했고, 근간에 식이 조절을 해서 약 없이 혈당이 정상이 된 걸 보고는 요새 밥도 줄이고 운동을 한다.

선택지가 있을 때는 약보다는 식이를 먼저 실천해보고, 식습관에서 답을 찾는 것도 한 방법이다.

큰아이는 재택근무하다 출근을 시작했고 작은애는 기숙사로 갔다. 저탄고지로 아이도 몰라보게 살을 뺐다. 이래저래 쌀은 남아돈다.

"올해는 쌀을 반만 받지?"

"뭔 소리예요? 유일하게 부모에게 받는 건데 처분은 어떻게 하더라도 가서 불필요한 말은 하지 말아요."

역시나 잘 모으는 유전자다.

서로 다른 유전자가 조합해 돈 걱정, 약 걱정은 없이 잘 먹고 잘산 장점인 것은 알고 있다.

친구들은 아내가 약사이니 나중에 약값은 안 들어 좋겠다고 부러워들 한다. 정작 나는 웬만하면 약 아닌 InPut의 조절을 통한 근원 치유 쪽으로 시도했고, 향후 노화 과정을 밟는다.

때론 약도 필요할 때가 온다. 단지 최소화하는 습관을 들이는 훈련을 했다.

인생은 누구도 잠시 왔다가 다 자연으로 되돌아간다. 시간이 더 지나 어느 시점에 어떻게 바뀔지는 단정하기 어렵다. 그런데도 정형된 한가지 방식이 아닌, 다양한 시도를 하는 유전자라 시행착오도 많고, 그러다 보니 남길 것도 많다.

물론, 식이에도 일부의 부작용은 있다. 각기 예기치 않는 반응이 오기 때문이다.

한번 건강 이상을 확인하고 나면 내가 가장 약한 부위의 과잉사용을 자제하게 된다. 그간 출판을 주저한 가장 큰 이유가 나의 눈 때문이었다. 근시로 안경을 사용하나, 가능한 운전도 적게 하고, 안경도 사용시간을 줄이고, 시력 에너지, 눈 사용을 줄이는 방식으로 방향을 전환했었다.

몇 년 전, 한번 출판을 했으니, 남은 시력 에너지를 잘 사용하기로 했다.

나는 시력은 약하나, 치아도, 머리카락도 바라지 않았다. 이건 상대적으로 좋은 유전자다.

애국하고 가신 아버지 어머니 평균 60세, 살아계신 장인 장모님 평균 87세, 나도 아내도 각자 다른 유전자 성향 기질과 식습관으로 하루하루를 만들어 나감은 진배없다.

그쪽 전문가나 비전문가나 누구나 자신의 몸을 알고, 유전자 성향을 알고, 새롭게 공부하고 실천해야 함은 매한가지다.

업역 종사자는 업역이다. 먼저 공부한 업역이다. 실제 장수를 실천하신 김형석 교수님의 104세로 여전히 왕성한 현역이다. 누구 이야길 더 참조하고, 유심히 새겨들을 것인가?

실천해서 결과를 만든 사람의 이야기를 귀 기울여야 함이다.

궁극에는 내 몸, 내 유전자, 내 기질의 혹은 현재의 여건이 불리함을 알았으면 인생 후반부는 자신의 건강에 대한 공부나 내공이나 초치들은 자신이 아는 만큼 선택한다.

어찌 보면 상대적 불리함이 나쁜 것이 또 다 나쁜 것만도 아니다.

장·단점 알고 나를 극복하는 것을 깨우친 순간 한 끼 한 끼 식습관, 마음습관을 누적시켜 나가는 과정이다.

누구나 '장·단점의 유전자'를 지녔다.

나를 돌아보고, 깨우친 순간 나의 단점, 극복실천이 과제다.

그게 멀리서 찾을 것 없이 '수처작주 입처개진' 실천을 하면서, 시간의 우선순위, 가치의 우선순위 실천의 장이 가정에서부터이기도 하다.

또한 정치적으로 나는 좌파도·우파도 아니다. '자주파'다.

수처작주 입처개진

여보게 친구
산에 오르면 절이 있고
절에 가면 부처가 있다고 생각하는가.

절에 가면 인간이 만든 불상만
자네를 내려다보고 있지 않던가.

부처는 절에 없다네…

부처는 세상에 내려가야만
천지에 널려 있다네.

내 주위 이웃이 부처고
병들어 누워있는 자가 부처라네.

그 많은 부처를 보지도 못하고,
어찌 사람이 만든 불상에만
허리가 아프도록 절만 하는가.

천당과 지옥은
죽어서 가는 곳이라고 생각하는가.

천당은 살아있는 지금이
천당이고 지옥이라네.

내 마음이 천당이고 지옥이라네.

내가 살면서 즐겁고 행복하면
여기가 천당이고

살면서 힘들고 고통스럽다고 하면 거기가 지옥이라네.

자네 마음이 부처고
자네가 관세음보살이라네.

어보시게 친구
죽어서 천당 가려 하지 말고

사는 동안
천당에서 같이 살지 않으려나

자네가 부처라는 걸 잊지 마시게

그리고 부처답게 살길 바라네.

부처답게…

−From. 법정−

　자기가 자기를 치료하는 것이 수행이고 괴로움이 없는 것이 부처의 경지다.

　어떤 것도 영원한 것은 없음을 알고 모든 집착과 탐욕을 버리며, 어디에도 얽매임이 없이 아무것도 이끌리지 않는다면 그는 세상을 바르게 살아갈 것이다.

　결국, 이치를 깨우치고 배울 것이 있다면 시간·인간·공간 중 주어진 시간의 내공이다.

　시간의 우선순위·타이밍·시간 양에 대해 익힐 필요가 있는 것이다.

제4장

'상위 1%' 인생 역전법

Owner Skill

오너스킬 관리 습관법

| 모든 노력은 많은 시간을 필요로 한다

누구도 삶은 고통이다.

다양한 삶을 사는 인생 중 작가는 인생의 고통에서 해법을 축약하는 업이다.

그 방식이 각기 달라 시어, 수필, 소설 등 다양한 장르로 나눈다는 것일 뿐…. 글을 남기다 보면 여러 가지 다른 시각들도 참조하게 되고 부족함도 보완된다. 결국은 자신의 부족을 돌아보는 성장계기도 된다.

특히, 자신의 일에 정진이 안 되는 특성들은 밖으로 돌아보는 속성들이라 세상사에 관심이거나, 나보다도 외부 사람의 관심으로 주어진 시간을 소비하다 어느 순간 나를 돌아보면 나 자신은 없어짐을 발견한다.

나는 뭐지? 자신의 존재감에 대한 그게 길어지면 우울의 상태가 오고, 심해지면 뇌의 신경전달 물질이 물질화되고, 굳어짐이라 기존의 살아온 습관대로 살거나 하다가 자신의 존재감을 잃은 상태다.

삶은 경쟁이요, 누구도 생존의 환경을 벗어남이 없는지라 책을 보든 글을 쓰든 기타를 치든 온전히 자기만을 위한 시간이 필요하다. 한 가지 목표를 위해 정진하는 방식도 우울증을 유발하긴 하나, 대부분 스스로 갈 길을 잃어 존재감의 혼돈으로 발생한다.

인간의 변화를 연구한 분야 중 3일, 21일, 66일이라는 뇌와 행동을 연구한 학자의 결과치가 있다.

3일이면 인간이 많은 것을 망각하기 충분한 시간이다.

- 습관의 변화: 3주(21일)(from 맥스웰 몰츠)
- 습관에서 행동: 2달(66일)(from 필리파 랠리 연구팀)

이를 잘 응용해 볼 필요가 있다.

습관 중 두뇌의 생각, 가치관, 우선순위(명리 쪽 해석이라면 생각·천간)이다. Spirit의 변화가 21일로 보고 행동까지는 머리에서 손발의 훈련. 즉 명리 쪽 해석, 손발·지지 skill의 기초 단계의 변화가 66일로 봄이다.

결국 바꾸는 것도 시간의 힘이 결합해야 함이고, 그렇지 않으면 결국은 사람은 기존에 배워왔던, 익혀왔던 기존의 습성대로 하는 것이 삶이다.

책을 읽고, 자기계발을 하는 것도 노력은 함인데 이 습관의 내공, '시간의 힘'을 대부분 잊어버린다. 경시한 것이다. 다른 말로 이 가치를 깊숙이 생각하지 못하는 한계가 있는 것이다.

그래서 대부분은 살던 대로 살게 되는 것이다.

그러면 어느 습관이 좋은지 공부하고 익혀야 한다. 그래서 '선택'해서 습관을 하나씩 바꿔야 한다.

❖ '하루 2시간 100일'

자신이 하고 싶은 것, 잘하는 것, 계속 정진하고, 보완하고, 고치다 보면 우울할 틈이 없어진다.

양파동 이치를 알면 우울의 실체는 마음의 오작동 실체를 알고, 긍정에너지로 하루 2시간은 온전히 자기의 특징 살리는 일에 진전, 내일은 한 걸음 더 나아갈 수 있다.

이렇게 100일이 쌓이면 어느 순간 skill이 되고 내공이 되고, Owner Skill(시간)이 된다.

모든 공부는 결국 현실응용과 실용을 위한 것이다.

이 방식으로 현재, 혹 일이 안 풀려, 진전이 안 되어 늪에 빠져 고민 중이라면, 어떠한 목표도 좋다.

가능하면 두 시간 동안 집중해 매일 진전함이 가장 좋으나, 여건이 안 되면 짬을 내서 채워 보라.

폰 스케줄로 D+1일 차, 2일 차, 3일 차…….

100-1, 2,3…….

인생의 주인이 되기 위한 노력

❖ 잘했던 것(예)

- ✅ 대구서 공부를 했고, 대구 쪽으로 취업을 권했으나, 서울 온 것
- ✅ 이과 건축을 전공했으나, 문과 이과 통합하는 개발사업을 한 것
- ✅ 대기업 10년 직장생활 했으나, 눌러있지 않고 내 기질을 알고 스스로 법인 독립한 것
- ✅ 사업하면서 회사확장보다 자산 확장하는 데 집중해 공부하는 내 기질, 내 스타일대로 산 것
- ✅ 여행을 원 없이 다녀 특별히 더 궁금한 곳이 없는 것
- ✅ 대학 때 못다 한 기타를 실컷 쳐 음악은 취미란 것을 스스로 깨치게 해준 것
- ✅ 식습관 바꾸어 식이요법 한 것
- ✅ 내가 할 수 있는 가짓수 줄이고 집중한 것

위와 같이 '셀프 List'를 만들어 보고 2022년에 잘했던 것을 스스로 점검하고 best를 선정해 보자. 그 뒤 내년의 각오를 다져 나가는 것도 한 방법이다.

❖ 시행착오(요약)

지난 후회는 잘 안 하는 편이다. 대부분 부딪치고는 그 장점을 취하는 긍정유전자가 있다.

힘들어도 견디고, 어둠 속에서 빛을 찾는, '을목'일간의 대단한 강점을 이제야 알았다.

이것이 모두가 인생 여행 경험이었고. 결과적으로 오늘의 나를 만든

토대들이었기에 돌이켜 보면 지금은 확실히 바꾼 것들이다.

그 시간을 소모해 내 시간으로 만든 것들이기도 하다.

✓ 몸을 우선순위로 두지 않았던 것

술·과식·과탄수화물 등 문제를 한땐 손쉬운 약으로 해결하려 했으나, 식습관을 바꾸면서 완전히 해결되었다. 너무 늦은 자각이 아님에 되돌릴 수 있음에 감사함이다.

✓ 정치를 바꾸려 해 보고 관심을 두었던 것

정치의 속성을 알고, 대신 스스로 '내 삶을 바꾸는 방법서'를 남기기로 했다.

✓ 아내와 아이들을, 내 스타일대로 바꾸려 했던 것

이 또한 전·현생·각자 인생 여행이다. 내 생각을 바꾸었다. 원하는 것, 내가 해줄 수 있는 것은 해주자. 대신, 나는 특별히 그들에게 요구함이 없다.

✓ 사람 관계에서 스트레스 주고받은 것

시간약속을 가벼이 여기는 사람이 배제 1순위다.

모든 관계는 상호공존, 어느 한쪽의 일방적 관계는 성립할 수 없다. 관계 속에서 서로의 훈련이다. 이 훈련 이후 사람과의 스트레스 주고받음이 확연히 없어졌다.

문익점의 후예들

문 씨 하면 떠오르는 것이 '술'과 '고집'이다. 나 또한 문 씨요 초년에 보고 자라온 집안 형제들 자녀들이 거의 다 그렇다. 문 씨 중엔 한동안의 대한민국 공동체의 리더도 있었다. 좌우 시각에 따라 공과를 다르게 보겠지만, 부존자원 없는 반도국에서의 '원전기술'에 대한 대처와 평가 등은 후세에 맡긴다. 분명한 것은 '한고집'을 한다는 것이다.

나는 정치를 업으로 삼지를 않았고, 단지, 문 씨라는 뿌리를 거스르면 중간선조가 문익점의 후예라는 것임을 목화씨를 분통으로 중국에서 가져와 한반도, 고려와 조선을 거쳐 대한민국 공동체의 '의(衣)' 생활 문화의 개선에 기여했다는 것은 분명한 역사의 팩트다.

술은 아버지도 형들도 한술 했고, 아버지 형제들도, 사촌들도 한술 한다. 아버지는 전쟁의 부상 후유증으로, 통증의 고통을 해소하는 진통제로 술을 애용하셨다고 본다.

초년의 고통을 더 언급하고자 함도 아니다.

'술'과 '고집'에 대해서다.

난, 내 뿌리의 성향을 후천적으로 극복이 된 것도 또 노력해서도 잘 안 되는 것이 있지만, 나는 술은 일찍이 극복했다.

간혹, 업무상 사람 관계를 끊을 수 없어 술을 마시긴 해도 술에 중독은 되지 않을 수 있었다.

술은 진즉에 극복했는데, 지나고 보니 그런 음식은 극복을 못 했던 것을 근간에야 알았다.

또한 내 고집의 장·단점이 작용함을 알았고, 고집 버릴 것은 버리고, 부릴 것은 부리려 노력을 한 것이다.

이제는 '식(食)' 음식마저도 섭취훈련이 되고 극복이 되었다.

내 뿌리, 문익점 선조의 한고집으로 대한민국 공동체에 '의'생활에 기여를 했듯이, 대구에서 올라와 주생활, 아파트, 빌라, 주상복합 등 공간의 개발자였기에 서울에서의 '주(住)'문제는 일찌감치 극복되었다. 이공계인 건축을 전공했지만 개발사업부서에서 훈련을 했기에 늘 사업성 검토와 땅 보러 다니고, 돈이 되느냐 않느냐의 기준으로 훈련이 되었기에 '개발'의 시각이 형성되었다. 점수 맞춰 들어간 전공, 2년은 적성에 안 맞아 공부를 더 해야 하느냐 고민하다, 시간을 피할 겸 군대 갔다와 더 이상 머뭇거릴 수 없었고, 3년 뒤 복학해 남자 동기들 대부분 군대를 다녀와 내 생각이 많이 적극적으로 바뀌어 있으니, 동기들이 과

대표를 맡기면서 그들의 리더역을 했었기에, 일말의 내가 본 지방 출신의 주거문제와 미래전망과 대처법들을 이야기하고 남겼던 때다.

대다수의 그들은 이과 출신의 공대생들이 가는 시공 쪽이었다. 경력은 몇 세대 짓느냐가 가치다. 똑같은 사안을 보고도 판단하여 진출하는 훈련과 이과생들 위주의 훈련방식과는 우선순위와 가치가 다르다.

나는 개발 쪽이라 당시에 눈에 보이는 분양, 영업, 입주 등을 통한 시각과 당시 동기들에 집을 짓는 것만이 아닌, 집을 사는 훈련, 재테크, 기타 그 방법에 대해 많이도 이야길 했었다.

동기들 게시판 등에 주거의 입지에 따른 '양극화'는 더욱 심해질 수밖에 없는 구조적인 문제에서부터 그들이 고향 떠나 서울 온 이유도 나도 그들도 지방서 올라온 동창들에게 교통과 주거문제, 특히 강남, 서초, 과천, 분당 등 대해 미래의 바뀔 청사진과 주위에 이야길 했고, 또 글로도 남겼었다. 당시 따라 한 동기들에겐 기회였고, 여건이 안 된 동기도, 간과한 동기도 있다. (첫째 장의 '오너스킬'의 제목 해설에서 '천간'과 '지지'의 훈련을 각각 따로 하라는 이유다. 좋으면 좋은 대로 훈련할 수 있고, 못 나가면 못 나가는 대로의 훈련을 할 수가 있는 것이다.)

문과는 주로 돈, 즉 이익과 멀리, 높이 올라가는 망원경의 훈련이고, 알고 익힌 걸 표출하고자 함이라면 이과는 주로 기술과 깊이 파고 현미경을 보는 훈련이다. 또 이런 흔적을 남기는 데 관심도 별로 없다.

이공계 출신은 문과적 훈련을 의식적으로 반드시 해야 함이고, 문과 출신은 이과적 훈련을 실천적으로 반드시 해야 함이 균형적 삶이다. 기존의 단편적인 문제 해법이 아닌 내 방식으로 풀어내야겠다고 마음을 먹고 '오너스킬'을 만든 이유요 원리다.

나는 좀 특이하게도, 이과 공부를 해서 문과적 훈련을 했었기에 주거 문제의 대처와 '양극화 되기 전'의 특히, 지방 출신들의 '주(住)'문제의 해법을 빨리 푼 것이기도 하다.

요즘 대학 동기들 만나 막걸리 한잔씩 하면 당시 '좀 더 세게 이야길 해주지!!'라 한다. 지금은 당시 놓친 이야기들은 가능한 꺼내지 않는다. 개인적 상황적 판단과 실천력과 운이 복합적으로 결합도 되었다고 본다. 지금은 단지, 물으면 이 시점에 맞는 내 방식으로의 조언을 한다.

현재는 '의식주'로 말미암은 인생의 문제와 해법을 아울러 '함축'해 글(文) 가지고 대한민국인의 의식주를 통합한 인생의 갖가지 문제에서 인생 문제의 극복을 위한 '인생주인을 위한 역전훈련법'을 요약을 하고 있는 중이요, 내 유전자적 '고집'을 긍정훈련으로 사용 중이기도 하다. 고집이 없으면 단계의 고비를 넘지 못하기에 무엇을 이루는 장점이자 단점의 양면이다. 뿌리를 알고, 장점화시키고 살고자 후예로서 선조님을 언급했다.

한세상 잘 머무르며, 또 떠나기 전 이 세상 남기고 갈 '간절한 무엇?'이 남아 있는지…. 남은 삶 각자 하나씩 실천하는 과정을 만들어 보자.

내 부모님에게 물려받은 감사 유전자

- ☑ 환갑이 가까운 나이에도 아직도 흰머리 없는 검은 머리카락
- ☑ 초년의 꿈, 생동, 희망을 간직하는 것
- ☑ '문(文)춘(春)식(植)'이라는 이름 자체가 꿈을 심어주는, 또 꿈 심는 자기 계발 작가로 간절함을 만들어 주었다. 덕분에 내가 태어난 삶, 내 방식의 삶을 주인답게 남기고 있다. 내 이름이 내 삶을 만들었다.
- ☑ 아직도 잘 씹어 먹을 수 있는 튼튼한 치아
- ☑ 남들 공부할 때 공부했고, 장학금 받고 들어갈 지적능력
- ☑ 초년의 고생이 생존하고, 스스로 할 것, 안 할 것 분수를 알게 하고, 이 것이 가장 강한 생명의 원천임을, 질긴 유전자가 이 세상의 오행(목·화·토·금·수) 중 가장 귀한 것임을 뒤늦게라도 알게 한 것
- ☑ 감성, 감각, 응용을 하고, 문제의 해법을 빨리 도출하는 능력, 시행착오도 많았지만 그 속에서 길을 찾게 함은 내 끈질긴 유전자에서 잡초처럼 살아있고, 언젠가 때를 기다리며 발현시키는 연습을 했던 것

나의 감사훈련이기도 한 것이다.

각자의 방식으로 부모님께 감사훈련 해보시길….

자식농사

8월 15일, 작은애의 마지막 PEET 시험이 있었다. 작년은 잘 봤다기에, 둘째마저도 이제 다 자식농사 해방이 된 줄 알았고 골프채 다시 잡는다고 하면서 버튼을 눌렀다. 그런데 시험은 잘 봤으나, 이수학점이 해당 학교의 기준에 미달하여 지원자격마저도 되지 않았다.

지난 1년을 또 반복해 코로나 시대 학원 다닌다고 매일 새벽같이 가는 아이, 둘 다 각자 상전 모시듯 보냈다.

대치, 분당 대표적 학원빨 드센 동네, 전국예비테스트 국·영·수 만점에 3년간 국어학원 장학금이란 것도 구경하게 했으니 예비에서는 어찌 보면 이 아이는 신문에 나올 줄을 알았다.

전국 수석 ○○○으로….

학원장학금도 전국 수석이었으니….

물론, 수석이 인생에 있어 다 좋은 것도 아님은 앎이나, 적어도 큰애보단 입시라는 진입 문턱을 쉽게 넘을 줄 알았다.

그건 차치하고서라도 작년 점수를 유지하기만 해도 됐을 텐데, 정작 올해 PEET는 1년 더 공부했건만 작년보다 못하다.

한 학기 학점 이수도 더 해야 하고, 이미 평점 평균 4.4, 토익 975점이니 못 채운 학점만 몇 학점 더하면 될 줄 알았다. 내가 볼 땐 여유롭지도 않지만, 그렇다고 절망적인 것도 아니었다.

경계를 늦추지 말고 남은 시간 맞춰 준비하면 작년처럼 아예 자격도 없는 길이 없는 것도 아닌 대부분 인생의 과정이요 겪는 범위 내다.

당시 엄마는 애 달래느라 진땀을 뺐다.

이후 1학기를 더 마치고, 학점 A0, 나머지는 All A+학점 받고 2+4 약대 최종합격 통보를 받았다. 면접관이 면접하면서 '우리 학교에 지원해줘서 감사'하다고 했단다.

코로나가 유행하는 상황에서 어이없게 이수와 수료를 두고 고민하면서 1년 더 공부했던 과정이다. 그 과정을 보면서 미루던 후속작 원고를 정리하며, 출간 컨셉을 잡아나가기도 함이다.

  지난 시절, 학력고사 시험장에 늦어 닫힌 문 앞에서 사정사정해서 들어가 가까스로 시험을 봤다. 지각으로 정신이 없이 오전 시험을 망쳤고, 평소보다 2~30점 낮아 재수냐, 사립대 의대냐, 국립대 공대를 장학금 받고 들어가냐의 선택에서 재수나 사립대 의대 갈 형편은 안 되고, 장학금 받고 점수에 맞추어 국립대 공대를 들어갔다. 생각하고 더 알고 들어간 전공이 아니라, 점수 맞춰, 환경 맞춰 입학한지라 막상 내 성향과는 달랐다.

  군대, 복학, 졸업을 거쳐 당시는 성장기라 취업이 용이했고, 3군데 중 하나를 골라 갔다. 다행히 기업에서 개발, 분양, 홍보 쪽을 하게 되었는데, 하고도 싶었고, 재미도 있었다. 운이 맞아 찾았으니 또 가고 싶었던 공부를 했다손 치더라도 중간에 다른 쪽으로 방향을 바꿨을 수도 있다.

  이후, 난 사람공부, 나⑴를 아는 공부를 학교에서가 아니라, 내 방식으로 더 했고, 명리·손금·전생 등의 학문이 오히려 더 나를 아는 데 도움이 되었다. 그 공부를 한 이후에야 자유롭게 장르 불문하고 세상사 관심 가지고 공부하고, 수시로 책도 남길 수 있는 시각이 튀었던 것이다.

  심리, 동서양 철학, 의학, 약학, 사상한방, 영양 등 특정 업역에 종사자는 그 '업역의 시각'으로 보기에 알게 모르게 해석하는 데에 한계가 생긴다.

명리를 공부하고서 손금을 공부하고. 그것으로 해석이 다 안 풀리어 전생도 알게 되었다. 반면, 아내는 재수까지 해가며 약대를 진학해 대학원을 나와 약국을 운영하고 있으니 한 가지 일에 진전하는 힘이 있다. 자신이 걸어온 길을 둘 중 한 자식에게 잇게 하고자 함도 있다.

시험장 늦은 것도, 본 게임에 약한 것도 실력이고, 그리 됨도 다 연유가 있다는 것도, 이젠 그 연유마저도 다 이해가 됨이다.

반면, 큰아이는 공부 쪽은 큰 기대하지 않았고 대학에 들어는 갈까 걱정했는데 가까스로 인서울 '예비 17번'으로 입학했다.

본 게임 떨어지고, 앞의 순위 다 버린 마지막 1개의 티켓을 거머쥐더니 그제야 인생 가치와 귀중함을 안 듯했다. 문과 쪽 경영으로 입학했다가 스스로 전공을 IT 쪽으로 바꾸더니 'All A+'도 받고 전액 장학금을 대여섯 번 탔다. 졸업할 땐 학장상도 받고, 대한민국 대표 IT 기업에 입사해 4년째 새로운 프로젝트를 진행하는 재미로 하루하루 새롭게 살아간다.

아내 말로는 큰아이가 요새 회사매출의 큰 비중을 짊어진 프로젝트를 맡느라 얼굴 보기 어렵단다. 기업으로선 3~10년 차를 밥값 하는 범위로써 가장 선호하기에, 돈을 떠나 독립된 자신의 인생을 만들어 가고 있다. 이 아인 거주공간만 부모에게서 독립하지 않았지, 이미 물질적, 정신적으로 독립을 했다.

공통점이 하나 있다.

모두 다 스트레이트로 무엇을 이루는 형보다는 한두 번 시련을 겪어야 실력이 나오는 '역전 유전자'라는 것이다.

'인생의 역경은 극복하면 경력이다'가 된 경우들이다.

인생이란 예측대로만 다 되지도 않고, 또, 자식이란 존재는 객관적으로 보기도 어려운 존재다.

형제끼리도 부·모 유전자 결합비율이 각기 다르고, 자신의 타고난 현생의 목적이 있다. 때론 예측의 시야를 벗어나는 숙명이 있지만, 궁극엔 가야 할 길을 거쳐서 현생에 태어나 할 건 하게 되어 있다.

10여 년 전 전생 자문(박진여) 당시 두 아이가 모두 전문분야 일을 한다는 예측이 현재까진 모두 맞았다.

삶이란 여러 가지 변수 과정의 풀이다.

처신만큼은 '늘 겸손하며, 정진'해야 하며, '인생은 끝날 때까지 끝난 게 아니'란 걸 늘 마음에 새겨야 함이다. 누구에게라도 반전의 길은 반드시 있고, 그게 또 인생의 '묘미'다.

나 자신을 찾는 공부

취미에의 정진

어떤 일이든 목표에 도달하는 데 시간이 오래 걸린다. 어떠한 것은 원하는 수준에 이미 도달했고, 어떠한 것은 진행 중이다. 다른 목표를 만들어 보았다.

기타는 손가락 훈련, 로우 코드, 하이코드, 지판연습, 리듬, 박자 등 처음부터 할 게 많기에 끈기가 없으면 초보 단계에서 대부분 그만둔다. 아마추어든 프로든 기타라는 악기 또한 시간을 오래 잡아야 하는 '시간양'이 필요한 대표적인 취미기에 실상 시간과 마음의 여유가 없으면 진전하기 어렵다. 훈련법 또한 곡별로 골〉고〉스〉리를 적용해 진전시 켰다. 어차피 프로가 안 되더라도 인생 후반부에 악기 하나쯤 익혀보면 나름 단계를 지나는 재미도 있다.

그렇다고 악기 만지느라 다른 걸 놓치기보다는 여유가 있을 때, 경쟁의 삶 내면이 쉴 필요가 있을 때 시작하는 게 좋다. 살다 보면 누구나 운 흐름의 변동이 온다. 그러한 시기가 반드시 오고, 나는 그 시기를 대학 시절 못다 한 악기를 자주 접했다는 것이다. 페이스북에 통기타, 전자기타, 연주곡 등 합해서 약 50곡 이상을 남기기도 했다. 이젠 지금은 더 이상의 미련이 없다.

물론, 도를 닦으며 보낼 수도 있다.

자신에 맞는 종교를 찾을 수도 있고 나는 명리 공부, 손금 공부, 전생 공부 등 나를 알기 위한 공부를 한 것이다. 한 가지로는 해답이 안 나와서 이것저것 찾기도 했다. 명리에서 부족한 것은 손금, 손금에서 부족한 것은 전생 등 각 분야 고수들의 조언도 받고, 궁금증도 내 방식으로 이해도 하고 스스로 풀었다.

나의 이해를 위한 것이었다.

지나고 보니 20여 년 대운에서의 하락기 동안 짬짬이 위안도 받았다. 대학 시절 못다 한 일을 다시 잡았다 말았다 하느라 SNS에 부족한 연습의 흔적을 남기면서 지루하지 않게 보내기도 했다.

책 쓰기는 소재가 생각날 때마다 수시로 휴대전화에 메모를 남겼다. 여행은 세계 100개국 다니려다 코로나로 잠정 중단되나, 특별히 더 궁금한 게 없다.

코로나 이전 대구와 서울의 고교 동기들이 같이 골프도 치고, 1박2일 뒤풀이로 식사도 하고 헤어지기 전 막걸리 한잔하기도 했다.

대한민국 '상위 1%'의 인생역전 지침서 & 훈련법 –

"동기들 중에 춘식이가 인생 제일 재밌게 산다. 부럽데이."

그 친구 본인도 서울법대 졸업해, 당시는 대구에서 부장 판사 시절이었다. 지금은 대구에서 변호사로 개업했고, 그 아들내미는 대구의 강남인 수성구 모교에서 '수능전국수석'을 해 신문에 난 아이다.

대부분 노는과면 노는과, 공부를 위주로 하는 범생과면 범생과 한가지 분야의 특성이다.

그 친구가 볼 때는 인생에서 가장 큰 먹고사는 문제도 빨리 해결을 했고, 여행 다니고, 책쓰고, 모범생들은 잘 안되는 기타연주도 남기고, 아내도 아이들도 잘나가고, 한 가지만이 아닌 양면의 성과와 흔적들을 남기는 걸 지켜봤으니 덕담 삼아 남겼을 테다. 물론 나도 더 덕담을 되돌려 주었다.

자신의 도달 목표치가 높은 이들은 웬만하면 '부럽다'라는 말을 하지 않는다. 한 기질을 하는 유형이란 걸 서로가 잘 안다.

요샌 '춘식이'를 카카오에서 국민 이모티콘화 시켰다.

아무튼 학교 다닐 당시도 성만 다르고 한 반에 춘식이란 이름이 많았으니, 좋긴 좋은 '춘식'이다. 많이들 이름 짓고, 불리니…….

지금은 '문춘식'이다. '글(文)'로서, 자기계발서를 남기는 간절함을 동기부여해 가지고, '양극화 문제'의 해법을 풀어나가는 데에 집중하고 있다.

고교(삼인)동문으로는 당시 평준화 시대라 경상도 지방의 독특한 씨앗들이 많다.

당구 500, 골프 등 공굴리기의 고수 서초동 N변호사도 있고, 선배분들 중에 정치의 좌측으로의 유시민, 우측으로의 김재원, 우리 동기들 전후가 동문들 중 가장 서울 쪽에 많이 와서 활동하는 기수다. 모두 꽃피우는 시기도 다르고, 또 운 흐름의 굴곡도 여지없이 겪고 있고, 현생에 각자 태어나 할 일을 하고 가는 인생여행의 과정에 있다.

골프는 삶의 우선순위에서 후순위로 놓아 몇 년을 놓았다가, 은퇴가 가까워진 고등학교 동창들의 연결고리를 만들어 주다 다시 운동하면서 내공을 진전시키는 중이다.

명리적 대운으로 '화'가 나를 태운 시기, 직업 선을 돌려 내 방식의 진전을 이루게 했다. 몰랐을 때는 여러 가지로 일이 안 풀려 답답했던 시기요. 손금으론 운명선이 약해졌던 구간이다.

시간의 정진으로 지난 시기를 잠시 돌아보면서….

▎자신 Style

살면서 길을 찾아 헤맬 때, 주변에서는 이래라저래라 의견이 다 다르다. 이렇게도 해 보고 저렇게도 해 봤다. 빛과 어둠 양면 파동이라, 당연히 다른 방식이 늘 존재한다.

한 우물 파라는 건지? 여러 우물 파라는 건지?

시행착오도 도돌이표도 많이 겪고 결국은 나를 알고, 내 방식의 공식을 만들어야 함을 절감했다. 그 공식을 모으고 정리해서 책이 되었다.

인생의 무수한 해법서, 뺑뺑이 돌려 어렵게 남겨 오히려 안 보니만, 모르니만 못한, "인삼이 소양인에게도" 약으로 작용하는 줄 알고 먹었다가 독으로 작용하는 경우도 많다.

따라 함을 계기로 자신의 독자적인 패턴을 만드는 것은 자유다. 강제하지 않는다.

그 내공으로 시간의 결과를 만드는데, 나는 결과를 만드는 게 우선순위라 책 남김이 늦었다. 7년 만이다. 그럼에도 남기려 약속한 것은 지키고자 함이다.

궁극에는 '각자 내 방식의 해법'을 찾으면 된다.

스스로의 패턴이나 이 책 등을 참고 삼아 각자 자신의 방식을 찾도록 하길 바란다.

응용으로까지 이어지길 바란다.

그게 내 인생의 주인이다.

기존의 해법, 방식, 조언은 당분간 잊고 이 책을 근거로 '나(I)' 자신만의 독자적인 생존규칙·공존규칙·인생게임 법칙·인생 여행 법칙 룰을 만들어 보고 현실을 하나씩 하나씩 개선해 나가는 것.

반복된 결론이요, 유일무이한 방식이다.

강남스타일이 아닌, '자신 Style'이다.

No를 말하는 것이 아닌, 'Know How'를 남겨 나가는 '역전하는 인생주인 해법'이다.

│ '절대'라는 건 없다

절대를 말하는 사람, 한 가지 측면만을 강조하는 사람은 주의해야 한다. 단편적인 사람이다.

세상에는 양 측면이 있다.

빛이 있으면 어둠이 반드시 있고, 동전에는 앞뒤 양면에다 두께에 따른 측면마저도 있다.

에너지는 '파동'의 움직임이라 운 흐름도 늘 양면이 동시에 내게 필요한 것도, 내 몸에 고통을 주는 것도 동시에 온다.

마냥 좋은 것도 또 마냥 고통만도 아니다. 실체를 알고 유일한 사실이요 절대적인 것은 살아있는 이 시간이다.

이 시간을 보고, 이해하고, 해석하고, 우선순위, 타이밍을 잘 잡는, 보내는 내공을 키우는 것 그것이 삶의 질이요, 인생주인답게 사는 핵심 내공이다.

▎인생의 귀인·은인이 누구인가?

인간에게는 변곡점을 벗어나는, 고비를 넘을 때 힘이 되는 사람이 있다. 귀인이냐 은인이냐의 표현 구분은 큰 의미가 없다고 본다.

요는, 긴 시간 자신의 곁에 있는 사람, 이러한 사람이 내 귀인이요, 은인일 수도 있고, 서로 진 빚 갚기일 수도 있고, 여러 가지의 해석법이 있을 수 있다.

전·현생의 인연으로 본다면 잠시 왔다 가는 인연 등 다양한 관계 속에서 살아간다. 시간 양으로 해석해 보면 사람 관계의 해법도 유추해 나온다.

누구도 운 흐름의 기복이 있다.

바닥에 빠졌을 때 건져주어 올라오는 데 힘이 되는 이가 귀인이요, 은인이다. 생활습관을 바꾼다거나, 살아온 흐름을 바른 방향으로 가게 만드는 사람 주위를 둘러보라. 사회적 신분이나, 업역과 상관없이 누가 나의 귀인인가 돌이켜 보면서 그가 귀인이요, 은인이라면 내가 할 수 있는 예우와 감사와 정성과 에너지를 내가 할 수 있는 범위에서 감사를 표하거나 나눠라.

'선택(Yes)' '사양(No)'

선택 장애라는 말이 있다. 무수한 정보들 속에서 무엇을 고를지 고민이 길어지는 것을 의미한다.

비록 그 과정을 겪더라도 두려워 말고 당연히 거쳐야 한다.

한 가지로만 답이 없는 것을 내 방식으로 축약을 한 가장 기억하기 쉬운 표현으로 에너지는 '양파동'의 속성이라 할 수 있다(대표적으로 축약·음, 양인).

모든 빛이 있으면 어둠이 있고 좌정치가 있으면 우정치도 있고, 위가 있으면 아래가 있고 늘 반대의 양면이 있다.

프로이드의 이론이 있으면 아들러의 다른 이론도 있다. 도대체 누구 말이 맞는 거야?

기존의 믿고 있는 잘못된 것에 대해 때론 거부할 줄을 알아야 한다.

'세이 No'의 말도 필요하다. 그러나 바로 된 것에는 '세이 Yes'도 할 줄 알아야 함이다. 한 가지만 해서는 단편적이다. 그래서 "Say Know"를 말해야 함이고, 인생후반기는 축적된 내공을 하나씩 알리고 전해야 한다.

그러기 위해선, 자신을 아는 공부가 우선이다.

'사람이 우선이다'가 아니라 살벌한 이생존의 현장에 견딜수 있는 힘과 내공의 원천은 "자신이 누구인지 아는 것이 우선"이다.

세상의 여러 가지 해법을 잘못 적용하면, 내몸에 안맞는 약,해법을 적용하면 작용보다 부작용이 더 클 수가 있다.

그래서 '자신이 누구인지 알고난 이후 그 방식'에 따라 24시간 중 먹을 것 먹고, 안먹고, 자고, 일하고, 어떤 곡식을 심고 잡초는 제거하고, 통화하고, 누구를 만나고 때론 거리두고 무수한 선택에 의한 누적이 오늘의 삶이다. 결과적으로 우울, 인생의 방향을 잃는 표류, 선택장애 등을 해결하는 방법이다.

또, 이 선택의 내공으로 나온 결과가 오늘의 나의 실체다.

그 선택에 따라 나의 '목표(Goal)'을 스스로 만들어 도달하는 방식도 본문에 여러 각도로 남겼다.

이 선택의 내공을 높이려는 행위가 사람이 신문을 보던, 자기계발서를 보던, 영상을 보던 각기의 다른 방식을 시도함이고, 그러한 노력을 간과하는 사람은 책도 신문도 보지 않듯이 이왕 자기를 계발하고자 하는 욕구에 의해 책을 본다면?

제대로 된 자극, 자신을 깨치는 공부, 자신이 누구인가? 나의 흐름이 어떻게 흘러가는가를 익혀야 한다.

물론, 세상의, 현실의 문제의 직접적 코칭이 되는 방법을 익히는 것도 당연히 필요하다. 그러함은 신문, 혹은 인터넷을 펼치면 무수한 정보가 있다. 그것을 참조하면 된다.

도움이 되라고 남기는 내용인데 책이 어렵다면 오히려 시간·비용·에너지만 낭비다. 안 보느니만 못해서야 궁극에는 '인생주인'이 되는 다양한 측면에서의 흔적을 이어갈 이유가 없다.

두 가지 삶의 방식: '주인'과 '나그네'

주인 되는 삶의 방식도 때론 그냥 흘러가는 대로의 삶도 한 방식이다. 인생에는 잠시 쉬는 기간이 필요함이다.

그러나 이 책을 읽고 자기계발을 하는 '독자'라면, 어떠한 삶을 메인(Main)으로 삼고 어떠한 삶을 보조(Sub)로 삼아야 내공이 성장하고 내 삶이 바뀔지는 이젠 알 테다.

❖ 삶을 원하는 대로 내맡기라?_나그네의 삶

내가 원하는 편안함과 안정이 원하는 만큼 다 얻어지는 그런 세상도 없다고 보기에, 때론, 내 스스로의 욕구를 줄이는 삶이다.

인간의 욕구와 바람은 끝이 없으니…. 삶은 삶 그 자체의 법칙에 따라 흘러간다고 믿고 내맡겨 두는 것도 때론 한 시각이요 방법이다. 더 이상 나의 변화와 도달과 성장의 한계가 올 때는 이 방식이 좋다. 마음 관리의 방식에 좋다.

흘러가는 삶에 이의를 달지 않고, 그 흐름에 나를 얹어 놓고 함께 흘러가기를 시간을 낚듯이 보내는 방식, 여러가지 시도로 풀리지 않는 시기일때는 이 또한 삶의 한 방법이다.

❖ 혁신 변화의 시도_'주인'의 삶

기존의 삶에서 역전하고, 성장을 위해서는 반드시 기존의 방식과는 다른 변화가 필요하고, 혁신에는 늘 리스크가 있다. 새로운 시도는 부작용도 있다.

적자생존, 승자독식의 문화 속에서 승자로 살고 싶고, 적자로 생존하고 이 욕망은 인간의 욕망을 근거로 한 사회 문화적 현상 속에서 경쟁이 수반된다.

또 그로 인한 스트레스로 질병도 오고 약으로 고칠 것이냐, 식이로 고칠 것이냐 있다. 반작용, 부작용은 모두 다 있다.

어느 것이 내가 감수할 범위인지 아닌지 정해 시도하는 것이다. 이미 검증된 것도 있고, 예기치 않게 늘 나오는 것이 새로운 시도다.

'혁신(Innovation)'을 행하지 않으면 리스크가 더 크기에 이노베이터는 리스크에 대한 대비를 확실하게 하고, 그것을 최소한으로 한다.

결국, '혁신가(이노베이터)는 사실상은 보수다.'(피터 드러커)

기존에 익은 부작용이 두려워 여전한 삶으로 살 것인가? 시간의 힘으로 나를 바꾸어 가면서, 하나씩 성취를 하면서 살 것인가?

┃ '변화'는 반드시 필요하다

그러면 내 방식의 변화시켜 응용해 내 방식의 게임 룰을 만들 것인 가? 남의 룰을 급급히 따라가거나, 익히기 바쁠 것인가?

모두 경쟁의 삶 속에서 열심히들 산다. 그래서 가만히 있는 삶은 정확히 말하면 퇴보다. 가만히 있기에는 스스로의 존재에 대한 세금에서 부터 모든 게 비용이다.

열심히 활동하고, 도약을 위한 충전이 아니라, 가만히 있음, 즉 변화와 혁신의 모색이 없으면 경제성, 기업의 마인드에서는 퇴보인 것이다.

그래서 변화를 즐기는 사람에게는 안정이 오히려 두려움의 대상이다.

변화의 소용돌이와 혼란 속에서 대처하는 방법은 '내 방식의 익숙한 게임 룰을 만들어 따라오게 만드는 것'이다.

필자가 간간이 페이스북에 미국, 유럽, 러시아, 중국, 일본, 동남아 등 다양한 여행의 흔적, 기타 연주곡 벤쳐스의 '장고' 등 연주곡을 올리고, 때론 아직도 못다 한 사랑 등 연주와 보컬 훈련을 남기고, 자식들을 전문분야로 독립시키는 과정을 남기는 이유이다.

그것이 새로운 인생게임 체인저이자 개인과 조직, 21세기의 승자다. 인생주인이요 인생역전의 방식이다.

그 방법은 자신을 알고 자신만의 방식으로 하나씩 시간의 힘으로 실천해 결과를 만들어 내는 것이다.

그 방법들 '꼴〉고〉스〉리'로 실천해온 것들을 다각도로 남기는 것이요,

이 흔적을 보고 응용해서 자신의 인생게임 룰을 만들어 가는 것 '대한민국 상위 1%'를 만드는 방법이었다. 그 실천해온 실천방법들, 때론 일상의 삶들을 하나씩 다각도로 남기는 중이기도 하다.

'주말공존일기'

기업 대부분은 주 5일 근무제를 도입하고 있다. 주 4일제나 코로나 유행의 영향으로 재택근무를 시행하는 데도 많다. 하지만 세월이 지나도 이와는 무관한 것이 있다.

약국은 토요일에도 문을 연다.

필자가 직장을 다녔을 때나, 독립해 사업을 할 때나 가끔 약국 일을 도우면서 나는 메인이 아닌 서포터가, 말보다 손발의 역할이 필요함을 감으로 익히게 되었다.
약국의 손님들은 나를 보러 오지 않는다. 특정 질병에 대한 내 방식의 대처가 있다고 해도 메인이 처리해야 하며, 서포터는 서포터의 역할을 해야 함을 알았다.

나는 독자에게 글로서 내가 옳다고 생각하는, 내가 경험한, 내 방식의 근원적인 인생문제의 해법을 남기고, 전하는 것이다.

그것이 서로 다른 업역의 '공존'이요, 각자 프로다.

서로의 전공도 종사해온 업역은 다르나, 주말약국이란 공간에서의 역할 분담은 이미 훈련이 되어있기에, 이젠 서로의 표정만으로도 안다. 내가 처리해 도움을 주어야 할 것이 무엇인지 말이다.

나는 처방전을 자동포장기 전산으로 보내고, 아내는 그를 통해 조제해 확인한다. 지금은 익어 순조롭다.

간혹 기계에 이상이 생기거나, 이상한 손님, 특별한 사항, 변수들이 나타나면 그 상황에 따른 대처법도 보았다.

아내는 막간을 이용해 지난 8월에 PEET 시험을 치르고 기숙사에 가 있는 작은딸과 통화를 했다.

매일 딸에게 아침저녁으로 전화통화 2번 하는 것이 아내가 가장 신경 쓰는 중요 일과다. 내가 해도 잘 안 되는, 잘 못 하는 것이다. 아내가 비록 운전은 못 해도 자식과의 소통은 더 잘한다. 아이들의 말은 대부분 아내가 전달한다.

"꽈배기 사러 간대. 애 시험 순위는 500위 정도라는데."

한 시간 반이 걸려도 갈 정도면 그 지역 맛집인지도 모르겠다. 1년 더한 공부가 오히려 작년보다도 결과가 안 좋아 충격받았던 아이가 시간이 지나 안정되고 남은 절차를 밟고 있는 듯해 다행이다.

작년보다 점수가 안 나왔으나, 500등이면 11,000명 이상이 응시해 5% 내긴 하다. 학원에서는 최상위(1~2%)를 웃돌았지만, 본게임은 늘 약하고, 단순수치상 6 대 1이면 1,750여 명 안에는 든 거다.

학교마다 기준이 다르나, 토익은 975점, 남은 한 학기를 마치면(기존 평점 4.4) 여기서 상쇄될 테니 큰 변동이 없다.

기존 학점 취득하는 방식에 대한 훈련이 있었으니 자신에 적합한 곳 두 군데에 전략적으로 지원하고 면접 준비를 하면 될 테다.

관문을 거치고 경쟁해야 함은 어느 곳이나 마찬가지지만, 특히 공급 보다 수요가 더 많으면 정도가 심하다. 자신의 여건과 주어진 상황에 따라 주어진 시간을 활용하고, 공정한 경쟁률을 통한 선발방식을 거치 는 것은 태생적인 과정이다.

아이의 입장에선 억울할 만하다. 지난 과거 시절에 태어났다면, 가령 엄마의 일을 승계받고, 엄마한테 다 배울 수도 있고, 배우는 과정도 아 무 문제 없는데 왜 이리 힘드냐고 할 수도 있다. 국가자격증이나 전문 직 면허증이 필요가 없는 쪽이야 그리해도 문제가 없다.

취업이 잘 되는 분야를 선호하고, 경쟁이 수반되다 보니 거르는 시스 템인 것을 어쩌겠나. 이 시대 태어나고, 삶의 경쟁이 치열하다 보니 의· 치·약 등으로 몰린다. 꽈배기가 입에 당기는 것이 당연하다.

스스로 겪어내야 할 또 다른 준비요, 대비요, 몫이다.

기나긴 여정이다. 입시라는 절차를 거쳐 대학 들어가기 위해 같은 공 부를 올해 몇 년째인가? 지켜보는 부모들, 또 다른 부모들 심정은 매한

가지일 테다. 더군다나 PEET는 올해가 마지막이니, 심리적 압박까지 온다.

(지원했던 두 군데 모두 최종합격했고, 한 군데는 장학금을 받아 당시 우리의 관문은 통과했다.)

점심을 같이하고 나는 집 인근에 사는 고교동창 P와 PAR3 연습장에서 만났다. 그는 모 공기업 1급으로 진급을 할 만큼 다 하고, 1년여 남은 보직 기간 임금피크 등으로 그만두어야 할지 보직 없이도 임금 10%가 줄어도 더 버텨야 할지 고민이다. 그 집은 우리 집과는 반대로 큰아이는 약사고, 작은아이는 IT 관련 학과를 졸업해 올해 게임회사에 들어갔다. 우리 집은 큰애가 IT 회사에 다닌 지도 4년 차, 작은아인 이번에 약대에 입학했으니. 둘씩 있는 자식들이 엇갈리게 나아가는 분야도 공교롭다.

P는 고3 당시 건축과를 같이 지원했으나, 2지망으로 지원한 통계학과에 합격했다. 군 복무 마치고, 북문 학교 앞에서 자취했고, 취업 전 도서관의 소위 자리 잡아 주던 가방모찌 친구이기도 하다. 이후 P는 공기업에서 지방 근무, 나는 서울 사기업에 다니다. 서울발령으로 동기회에서 재회해 둘 다 분당에 살아 다시 가까워졌다. 그 참에 같은 고교, 같은 대학 동기인 변호사 N과 인근에 사는 K와 함께 골프모임도 만들었다.

오늘은 P가 집 리모델링 평형신청해야 하는데, 의견을 물었다. 그가 고민하는 방안은 세 가지였다.

"A, B, C 중 어떡할지?"

"나 같으면 A로 한다."

이젠 1년 후부터는 수입구조가 달라지고, 퇴직 후는 현금 여유가 필요하다. 대출 끼고 부동산을 사면 애물단지일 뿐이다. 설사 가격이 오르더라도 양도세 등 세제 부담하는 것보다 기존평형으로 가고, 남은 현금이 있다면 추가 희망주택으로 옮기고, 그 집은 월세 받는 방향으로 기존연금에다 추가해 매월 수익 올리는 걸로 하겠다고 조언했다. (그 후 아내랑 상의해 당초 계획 C에서 A로 바꾸어 신청했다고 한다.)

예전에는 처남, 친구, 동기들에게 초창기 강남 재건축에 대해 많은 정보도 주었다. 아무리 좋은 마음으로 투자 권유 등 정보를 준다고 모두에게 다 좋은 게 아니라는 것을, 특히 부동산투자는 원하지 않는 이에게 너무 미리 앞선 권유는 않느니만 못하다는 것도 알고 있기에 누가 물어볼 때만 답한다.

투자는 내공과 자금과 타이밍과 부부라면 부부 공통의 관심 사항과 맞아떨어져야 투자할 수 있기에 '내 입장이라면 어떻게 하겠다'는 겸양의 표현을 남기고 집 처분 시기를 놓친 3주택자들의 집 처분 문제라든가 코로나 백신을 맞는 여부 등은 각자의 판단과 내공이라 어떻게 될지는 아무도 모른다. 나로서는 의견의 제시다. 궁극에는 본인의 판단이다.

이래저래 공놀이하고 돌아가는 길에 주말 텃밭에 들렀다. 지난주 아내랑 같이 심은 상추에는 물을 줄 필요가 없어 일요일에 아내랑 같이 모종을 심어야겠다고 생각했다.

다시 집에 오니 그간 일주일간의 미진한 집안일을 하고 있었다. 택배로 주문한 요리재료 온 것으로 저녁 식사를 차려놓았다.

나도 샤워 후 저녁 같이 먹고, 쓰레기 분리수거하고, 삶은 수건 등 빨래도 널고, 개키고 내가 할 만한 걸 찾아서 정리한다.

어느 토요일 하루에 대한 요약이다. 아내와의 공존이요, 친구와 아이들과의 공존이다. 이 속에는 내 분야도, 내 취미도 있다.

아내는 전문직으로 25년을 종사했지만, 나와는 달리 특별한 취미는 없다. 운전도 않고, 골프도 않고, 기타 등 악기도 관심 없다. 유일한 취미요 우선순위는 가족이다. 간간이 같은 업역의 친구, 선배, 후배 등과 간간이 식사모임 하는 정도다.

다름을 서로 인정한다.

나는 여행, 골프, 때론 기타 등 내 방식의 취미도 하면서 자유롭게 '인생의 주인'이란 컨셉으로 살면서 책도 남기며, 가정과 내 방식의 역할을 해왔다.

인생은 혼자 왔지만, 누군가와의 다름을 인정하고, 자신의 방식과 '상호공존'을 통해서 상생의 방식을 찾아 나간다.

전혀 다른 개성들이 만나 토요일 하루 보내는 일상을 스케치해 내 방식으로 생각을 남겼다.

❖ Solitude(고독)

웃어라, 세상이 너와 함께 웃을 것이다,
울어라, 너 혼자만 울게 되리라

낡고 슬픈 이 땅에선 환희는 빌려야만 하고,
고통은 그 자체만으로도 가득하니까

노래하라, 언덕들이 응답하리라
탄식하라, 허공에 흩어지고 말리라

메아리들은 즐거운 소리에 춤을 추지만,
너의 근심은 외면하리라

기뻐하라, 사람들이 너를 찾으리라
슬퍼하라, 그들은 너를 떠날 것이다.

사람들은 너의 즐거움을 원하지만,
너의 고통은 필요로 하지 않는다.

즐거워하라, 그러면 친구들이 늘어날 것이다.
슬퍼하라, 그러면 그들을 다 잃고 말 것이다.

네가 주는 달콤한 포도주는 아무도 거절하지 않지만,
인생을 한탄할 때는 너 홀로 술을 마시게 될 것이다.

대한민국 '상위 1%'의 인생역전 지침서 & 훈련법 – 오너스킬

축제를 열라, 그럼 너의 집은 사람들로 넘쳐나리라
굶주리라, 세상이 너를 외면할 것이다.

성공하여 베풀라, 그것이 너의 삶을 도와주리라.

하지만 아무도 죽음은 막지 못한다.

환희의 전당은 넓어서 길고
화려한 행렬을 들일 수 있지만, 좁은 고통의 통로를 지날 때는 우
리 모두 한 사람씩 줄 서서 지나가야 한다.

- 엘라 휠러 윌콕스 -

(Ella wheeler Wilcox 1850~1919)

고독을 즐길 줄 알아야 한다. 때론, 혼자서 '내 인생 어디에서 와서 어디로 가는지?' 심오한 고독의 시간을 보내기도 하고, 또 누군가와 공존할 줄을 아는 것. 인간이 식물과 동물과는 다른 만물의 영장이라 일컫는 이유 중의 하나다.

인생 게임 응용 : 상위 1% 'KMNP클럽'

한세상 태어나 살면서 도달하기(Goal) 어려운 것이 무엇인가 하는 고민은 다음과 같다.

1) 돈(물질)의 풍족(부자)
2) 건강 & 수명의 고수(장수)
3) 신분(공적)의 고수
4) 운동(축구, 골프 등)의 고수
5) 악기(기타, 색소폰 등)의 고수

공통된 특징이 '시간 양'이 많이 소요됨이요, 쉽게 도달이 어렵다는 것이다. 거기에다 일정한 재능도 요구된다.

어떻게 살면 한세상 가장 잘살다 가는 삶일까?

해법을 찾기 위한 노력을 할 수밖에 없는 환경, 찾는 과정에서의 다양한 시도, 시행착오, 또다시 시도 등을 거쳐온 삶이었기에 굴곡도 많고, 진폭도 있을 수밖에 없었다.

개발사업 성장의 이면을 보아왔기에, 다양한 시도, 굴곡을 거칠 수밖에 없었고, 이를 해소하고자 기타도 치고, 여행도 다니고 한때 골프를 중단하며, 다른 방식을 응용하다 골프는 인간관계를 위한 운동이기도 하고, 물론, 기타도 협주 등의 방식도 있으나, 인간관계, 사회성의 속성도 있다.

필자는 지방 출신으로 상경한 100여 명 초창기 동기회장 등을 하며, 돌아가면서 역할 분담을 훈련해온 동기들이 있었는데, 지방서 근무하다 서울로 발령으로 공기업 다니던 P가 변호사 소개를 부탁해 겸사로 그들과 자연스러운 관계연결 겸 쉬었던 골프를 재개했다.

이들은 집 가까이 사는 대구와 인근 지역 태생들이며, 고교 당시는 문·이과 동기들로 특성을 나름 필자의 방식으로 진단해 봄이다.

각기 겹치는 전공은 없으며 사기업, 공기업, 전문직 등 각 분야가 다르다.

- 재산 상위(종부세 등) 1%
- 공적자리 (공)기업 1급 · 처장급 1%
- 전문직 서초동 법무법인의 대표변호사 1%
- 조직생존력 (사)기업에서 30년 이상 1%

각기 문·이과 다른 이 시대 586세대의 한 특성이다.

각 분야 각기 다른 특징들의 '상위 1%'들이며, 골프를 재개하면서, 실험적 방식으로 '100세 인생, 인생 후반부 한세상 잘 살다 가는 인생 게임'을 하기 위해 만들어 보았다.

전국 골프장 투어 겸, 공존훈련과 리더십·팔로우십 훈련을 하면서 '상호자극을 통한 인생의 동반성장'의 방식을 실험적으로 만들고 있다.

골프 및 번개

이 모임은 상·하반기 한 번씩 모여서 각기 다른 코스를 쳐왔다.

최고수인 N은 골프를 영업을 위해 시작하긴 했지만, 학창시절 축구도 잘했고, 당구도 500을 치는 공굴리기의 최고수다.

한쪽 어깨가 고장이 나면서도 하프스윙이란 자신만의 스윙법으로 버디 4개 75타를 친다. 나머지는 그를 보며 분발해야겠다는 자극을 받는다.

이들은 각기 다른 분야 고수요, 자극들을 주고받는다.

지난 10대 후반부터 40여 년을 공부해서 각기 다른 방식으로 경쟁 & 공존 〉 취업 〉 결혼 〉 재테크 〉 자녀독립 순으로 성장을 해왔다. 이젠 골프와 건강과 장수다.

게임방식 또한 각기 역할의 분담이요, 시작과 회장은 필자가 하고 있지만, 돌아가면서 하려고 하며 '리더십과 팔로우십' 훈련을 서로 익히고, 역할 배분 등을 하면서 이 또한 '경쟁'과 '공존'의 게임방식을 응용함이기도 하다. 치열하게 살아온 전반부 이후 인생 후반부 응용한 모임들을 골프든, 악기든, 산행이든 자신의 방식으로 만들어 봐도 좋을 듯하다.

혁신 : 개인? 기업? 정치?

- 나를 바꿀 것인가?
- 기업을 바꿀 것인가?
- 정치를 바꿀 것인가?

결국은 나부터 바꾸어야 한다.

나를 바꿀 줄 모르는 기업, 정치는 변화의 큰 폭에 사상누각(沙上樓閣) 내로남불이 될 수 있다.

인생의 어느 경지에 여러 분야의 진출 중 특히 정치 분야로 가는 유형의 특성이 있다.

- 성과를 낼 줄 안다.
- 응용을 할 줄 안다.
- 서로 한고집을 한다.
- 서로 논리와 틈새를 공격할 무기를 장착할 줄 안다.

이 흐름 속에 한쪽이 거의 넘어져야 끝나는 전쟁터에 들어간다.

즉, 서로가 각기 다른 인생의 고수들이다 보니, 대부분 처음에는 상호 우호적이었다가 그 싸움터는 위로 한없는 상향을 지향하다 보니 상위에 오르면 가장 잘 아는 가까운 사람들이 각기 다른 방식의 생존을 위한 전사들이 되는 경우가 많다. 적에서 동지가 되고, 합종연횡의 대표적 장소다.

여기에 좌·우 이념으로 줄지어 서서 이 정치게임의 속성을 가감 없이 보았기에 나는 정치 쪽으로는 발 디디진 않는다.

한 개인이 노력을 해서 적자생존 승자독식의 이 사회구조는 과거·현재·미래에도 어떠한 패턴이 바뀌어도·이념으로 사회주의 국가가 되어도 계층은 또다시 양극화가 될 수밖에 없는 인간의 근원적인 유전자(이타, 이기 비율)+노력+운 흐름 변화가 있는 한 바뀌지 않음을 직시하고, 모든 사람이 똑같을 수는 없음도 기억해야 한다.

그럼 어차피 이 구도라면 또 책을 보고 인생을 열심히 사는 구도라면 자신이 주인공 되어 자기 스타일로 살아야만 할 이유다.

인생에서의 돈, 건강, 특히, 태생적인 가난한 집안에서 태어나면 그 환경을 벗어나 역전함이란 각오의 각오 이 또한 Goal 목표를 둔다면 그 방법으로의 해법도 있다. 그로 인한 인생의 문제 건강과 삶의 고통을 역전하는 것은 빠를수록 좋다. 10대, 20대, 30대 하루라도 먼저 이 방법대로 시도하면 후반부는 자신의 주인공 되어 자신의 주도적인 삶이 될 수 있다.

똑같아지지도 않을뿐더러 똑같이 태어나고, 똑같이 다음 세상 갈 수도 없고 각기 다른 전·현생의 타고난 명이 다르다는 것을 알고 있다.
대신,

- 적어도 책을 읽는 노력하는 사람에게,
- 최소의 책을 사거나, 빌려보는 시간을 투자하는 사람에게,
- 스스로의 방식으로 각인시켜, 내 삶을 바꾸는 방법서를 내 방식으로 남기는 것이, 내가 익힌 방법을 세상에 알림과 동시에 세상을 바꾸는 훈련이다. 골〉고〉스〉리를 통해서다.

이 단순함을 사람은 '망각'하는 존재요, 이를 각인시키기 위해 다양한 '비유'와 다양한 '언어'와 다양한 '예시'로 남기고 있다.

이 훈련으로 스스로 시간·우선순위를 후천적으로 알았거나, 거의 극소수의 유전자적 특징으로 후천적으로 훈련이 안 되어도 되는 유형이 있다.
사람들은 이들을 부러워함인데, '극소수'다. 이 극소수에 대해서는 다음에 기회가 되면 한 번 더 언급하기로 한다.
대부분의 특정한 분야의 성공 공식은 위의 방식을 응용해 자신의 방식으로 체화한 이들이다.

나는 내 삶도 내 유전자적 기질의 단점도 바꾸어 가면서, 짬짜미 이

글을 남기는 것이다.

이 또한 시간의 누진이요, 삶의 한 방식이라는 것을 보여주고자 하루에 5~10꼭지씩, 누진되고, 손을 보고 출판사와 조율해서 만드는 과정을 다시 한번 더 거치기로 했다.

시간의 정진으로 한 사례를 남김이기도 하고, 이 방법으로 훈련해서 인생역전의 주인 되는 방법서도 남기는 것이다.

5가지 인생역전법
(오너스킬의 핵심)

'인생은 끝날 때까지 끝난 것이 아니다.'

내 상황이 심각한 바닥에서 벗어나야만 할 시기라면 아래 몇 가지 법을 꼭 기억하라. 인생의 수많은 법, 법칙, 이론 중 상대성법칙, 양자이론 등 기타 골치 아픈 이론, 법, 법칙은 잠시 다 잊어라!

여전히 어제와 같은 오늘을 살 것인가? 내일은 보장되지 않는다.
대신 남은 시간 '여전'이 아닌 '역전'의 삶을 선택해 살 것인가?

이 책의 이해 안 되는 내용은 잠시 잊어라. 이 책을 덮고서도 반드시 기억하고 메모할 5가지만 축약한다.

'골〉고〉스〉리' 효과적 도달을 위한 백그라운드의 법칙이다.

❖ 1) '어느 누구도 완벽할 수 없다 법'

나도, 어느 누구도, 부족함이 있다. 잘 안 되는 것이 있다.

그럼에도 잘하는 것도 있다. 좋은 것도 있다. '나(I)'를 알고, 잘하는 것을 찾아 그것으로 '비장의 나만의 무기'를 개발하라.

공을 가지고 놀든, 글을 가지고 놀든 잘하는 거 놀다 보면 비장의 무기가 된다. 어떤 측면에는 보편기준에 부족한 듯한 사람이 세상에서 두각을 나타내는 상황을 접할 때, 그 사람은 반드시 이 법칙을 깨치고 자신을 극복한 이들이다. 명심하라. 제1법칙으로 잡았다.

❖ 2) '인간은 망각하는 존재다 법'

인간의 기억회로는 지나고 나면 잊는 특징이 있다. 역으로 내 목표를 반복훈련을 스스로 되새겨 훈련하게끔 하는 구조, 시스템을 만들어야 한다. 이 또한 제1법칙과 함께 중요한 핵심 중의 핵심이다. 가령 아침에 눈만 뜨면 보이게 한다든가? '와신상담' 등 다른 표현법 들 모두 망각하는 인간의 목표를 잊지 않기 위한 다른 표현법들이다. 3일, 3주, 3개월 지속하라. 200시간(하루 2시간*100일) 법칙이 이 지속성을 위해 나온 것이다.

❖ 3) '양파동법'_빛과 어둠, '전화위복'의 기회

늘 이 양극의 변화함 속에 타이밍을 아는 것이다. 하루의 주기, 1년의 주기가 '명암'과 '한난'이다. 시간의 주기와 패턴을 제대로 아는 것이 그다음 내공이다. 여기에서 아는 사람과 모르는 사람의 차이가 인생의 결과의 차이로 극명히 벌어진다. 아는 사람은 이 변화의 시기에 반드시 역전의 기회로 삼는다. 모르는 사람은 허둥대다가 더 잃는다. 명심 또 명심하라.

❖ 4) '내 인생을 꼬거나, 푸는 것은 궁극에는 내 탓이다!! 법'

인생을 꼬는 것도, 그 실타래를 푸는 것도 궁극에는 바로 나이고, 이것을 철저히 각인하고 '인식'한 순간에야 비로소 인생역전의 '첫발'을 내디딘 것이라고 보면 거의 예외가 없다. 어떤 연유든 이 책의 독자로 이 항목까지 읽었다면 '첫발은 내디뎠다'고 본다.

❖ 5) '위 항목을 철저히 익히고, '내 방식(My style)'으로 실천할 수 밖에 없다!! 법'

결국은 '실천'해야 바뀌는 것이고, 각기 다른 타고남의 개성이라 자신이 누구임을 알고, 자신 방식대로 실천하고 바꾸는 것이다.

이건 '법'이다. '인생역전의 바이블'이다. 반복되는 성질이요 규칙이니 '법칙'이다. 최우선법이다. 물론, 헌법도 있고, 각기 지킬 규범은 지키면서 따로 공부 안 해도 이미 형성된 것으로 습관화되어 있을 것이다(다른 것은 기회가 될 때, 급한 인생의 문제를 해결한 뒤, 적당한 때가 오면 더 공부하라). Just do it, Do your self, 입처작주 수처개진 무수한 표현법은 많다. 다 같은 의미다.

이 법칙을 몰라도 인생을 그냥저냥 살아갈 수는 있다. 그러나 '이 법칙을 깨우친 소수만이 인생의 양극화 속에 선점을 했거나, 각고의 실천으로 역전을 해서 상위의 위계'에 올라가 있다.

특히, 다섯 번째 '내 방식으로 실천할 수밖에 없다 법'에 대해 조금 더 필자 방식의 근간의 사례를 남긴다. 이것이 '나(I)'를 아는 것과 연계한 이 책의 주요 포인트요 핵심 중 하나다.

서로의 업역이 다른 맞벌이인 필자의 두 아이 이야기다.

이번에 작은아이 입시가 끝나고, 아내 동기(서울 모 약학대 87)들 중의 사례(대부분 1~2명의 자녀)다. 지금까지 입시 결과 의대3, 약대3을 보냈다고 한다. 아내는 동기들 중 결혼이 빠른 편도 아니고, 작은아이가 거의 마지막인 셈이다.

그들 배우자도 주로 비슷한 분야 의사, 치과의사, 약사들 혹은 다른 전문직종들이 많다. 결과적으로 '10%' 남짓만이 의약전문직 업역을 이었다.

전문직은 부모들이 업역을 이어주고 싶어하고, 아이들도 하고 싶어한다. 결국 다른 말로 경쟁률이 우리 당시 경쟁보다 '10배' 더 치열해졌다고 유추가 된다.

나는 84학번이요, 나는 국립의대 재수할 상황도 아니요 사립대, 의약대 쪽으로 가지 않고, 국립대 공대를 갔다. 당시도 비슷한 수준의 동기들은 의대 쪽보다 원자력공학, 전자공학, 건축공학, 유전자공학 등으로 비슷한 학생들이 공대로 분산이 많이 되었다.

그 이후 전문직 선호는 가속되어 지금은 지역 불문한 전문직으로 몰리는 추세다. SKY 공대마저도 재수, 반수생으로 골머리를 앓는 추세라고 한다. 학생 수와 학교의 예산이 연계되는데, 중간에 빠져 나가 버리니 예산지원을 못 받는 딜레마에 처했다고 한다. 재수, 삼수하다 못해 오수까지 각오한다는 어느 수험생의 기사도 보았다.

어렵게 명문대를 나와 대기업 들어가도 40대를 넘어가면서 명퇴압박 등 신분이 안정적이지 못하니 '의치한약수'든 '의치약한수'든(남녀 선호 차이라 본다) 졸업 후 바로 전문직 6,000여 모집으로 몰리는 사회구조 문제는 정부정책적인 중·장기 국가인력수급의 문제다. 이 문제까지 언급하면 길어진다.

몇 해 전 아내가 큰아이 담임과의 입시상담 결과를 듣고 충격을 받았다.

아이의 성적으로는 "마땅한 대학을 찾기가 어렵습니다!"라는 것이었다.

이후 가까스로 충격을 수습해 어디서부터 어떻게 풀어야 할지? 바꾸어 버린 입시제도, 아이들 머리는 엄마 닮는다는데 자녀 공부문제는 덜 신경 써도 되지 않을까? 하다 '대학 들어갈 데가 없다'는 충격을 받았지만, 그렇다고 공부를 대신할 수도 없는 노릇이다.

이후 아이들 입시 문턱 넘기기를 1순위 '목표(Goal)'로 잡았고, 그때부터 끊은 것이 골프였다.

'골프 치는 것과 아이들 대학진학이 무슨 상관이냐?' 할 수도 있다.

당시 같이 운동하던 동기들 중 아이들 진학 때문에 골프 끊은 이는 나밖에 없었다.

아이 입시 문턱 넘기는 데에 '목표(Goal)를 집중하고 마음 닦기, 백팔배 등의 기도로 마음을 모았다.

이후 아이도 스스로 조금씩 분발하고, 입시에 포커스를 맞추어 기도를 이어가면서 수시, 정시 다 떨어진 줄 알았던 수시에서 누군가 버린 카드가 넘어넘어 '예비 17번'까지 기회가 왔고, 한 장의 티켓의 기회로 가까스로 막차를 타고 그때야 인생의 절박감을 알았는지 '나 이제 공부한다!'고 선언했다. 그 뒤 'ALL A+' 등을 받고 스스로 IT로의 전공을 바꾸고 전면장학금 등으로 졸업할 때 공대학장상을 받았다.

지금은, 대한민국 대표 IT 기업에 4년차로 역전의 삶을 이어가고 있다.

큰아이로 인해 입시 상황이 만만치 않음을 경험해 작은아이는 미리 대처를 하게 되어 시행착오는 줄어들었으나, 전문직 경쟁은 결과적으로 우리 당시보다 '10배' 이상의 경쟁이니 간발지차다.

스승과 제자로서 서로 자극 주고받는 전생의 관계요인인지까진 모르겠다.

고비를 넘기는 동안 마음을 가다듬고 출판사와 협의, '간절함'의 동기부여의 목표(Goal)로 삼아 이 글을 남기고도 있다.

비록 단박에 도달하는 월등함은 없으나, 꾸준히 목표에 도달하는 뒷심, 코로나 시기 재수, 삼수를 하면서 포기 않고 다시 분발하는 아이를 통해, 잠시 놓고 있던 출판 후속작업에 나를 다시 분발케 하는 좋은 자극제였다.

　필자의 2, 30대를 간단히 언급하겠다.

　당시 필자의 별명이 '동시분양'계의 선수, 고수였다. 동시분양을 위해 각 업체의 담당들이 모인다. 삼성, 현대 등 필자가 종사했던 효성보다는 공급물량이 10배 혹은 수십 배 많은 각 회사의 대표선수들이 참석한다. 기업에서는 제일 중요한 것이 '자금회수'다. 분양은 개발사업의 꽃이기도 하고, 기업에선 분양은 '타이밍'의 예술이라 제때 하느냐의 관건이기에, 기술, 영업, 인허가 등과 연계해 조율해야 함도 있고, 개발과 기술을 망라한 각 고수들이 분양의 책임을 맡는다. 분양프로젝트 필자가 공급하던 효성은 APT 위주의 주택사업도 아니었고, 효성빌라 등을 짓다가 부도나서 건설이 중공업 내 흡수합병이 되어 공급물량도 상대적으로 많지도 않았다.

　그럼에도 수십여 건설사들이 업무추진간사를 뽑으면 삼성, 현대건설, 현대산업개발이 아니라 '효성'이 맡는다.

　추진간사 역할은 기자들도 만난다. 프로젝트의 언론홍보를 위한 브리핑을 개략적으로 하는 자리 겸, 광고효과보다는 홍보 효과가 시장에서의 반응이 더 좋은 것이다. 기자들은 늘 의아해 한다.

　"이번에도 삼성도, 현대가 아닌 효성이 간사입니까?"

　몇 번을 겪어보더니, 효성이 참가하면 당연히 효성, 효성이 없으면 현대, 삼성 등 공급물량이 가장 많고 인지도 높은 회사가 선정되는 것이 사실상의 공식이 되었다.

간사를 뽑는 참여업체들 간의 회의가 있다. 몇 마디 해 보면 어떻게 풀고 추진해 나가는지, 리스크와 풀어내는 해법이 짧은 순간 선수들은 판단이 선다. 누가 흐름을 주도할지 결론이 금방 난다. 따르기보다 이끌기가 더 재미와 성취감이 있기에 '추진간사'를 했다. 인지도가 낮은 효성, 보수적인 효성을 더 알려야 하는 효과도 있었기에

필자는 이과의 건축공부와 문과적 홍보, 인허가세법 등 공부, '양방향'의 공부를 했었다. 조직이 커지면 업무가 분화된다. 그 틈새의 조직 특성에 공부해 효율적으로 활용했던 것이다.

기술은 영업이나 개발을 익혀야 하고, 개발은 기술을 보완해 익혀야 한다. 골고루 익힌 사람이 부품 노릇이 아닌 어디에서든 주인 노릇 한다.

공급물량이 많지 않았지만, 흐름을 빨리 꿰뚫을 수 있었고, 문제가 터졌을 때 문제의 해법을 제시하고 대안을 결정하는 것으로 추진간사가 각사의 입장을 조율해야 한다. 분양 시점에 관해 의논하다 보면 재미가 있어 내공도 더 쌓였기 때문에 동시분양계의 고수, 초고수, 감사패 등 재미있게 주도적으로 보낸 시기였다.

효성은 회사 규모나 공급 물량은 작았지만, '문제해결력'으로 필자가 다양한 동시분양의 간사 경험으로 업체로부터 감사패도 받았다. 업체별로 수백억, 수천억, 때론 다 합치면 조대의 프로젝트를 수행이 공급자와 소비자를 잇는 추진간사는 공급자의 측면이나 소비자의 측면도

맞추는, 분양 타이밍의 적절한 광고와 홍보를 가미해 자금을 회수해야 하기에 기업에서의 분양의 고수들은 복합적인 초고수가 되어야 가능하다. 단편적인 기술만도, 영업의 테크닉만으로도 아니다. 프로는 프로로서의 밥값을 비록 주인이 아니었지만 주인의식으로 일했었고, 소수의 인원이 처리해야 했기에 타 조직의 일인삼역을 할 수밖에 없었다. 보수적인 조직에서 내 방식과 업무추진의 방식을 쉽게 바꾸기 어려웠다.

당시 미켈란 세르빌을 공급하는, 필자와 같은 전반적인 업무를 숙달한 경력직이 필요한 삼성 모 계열사의 스카웃 제의로 임원면접을 보고, 출근 날짜를 앞두고, '삼성'으로 간다는 소문에, 효성 조직이 발칵 뒤집혔다. '대체할 수 있는 사람을 만들어 놓고 가도 삼성은 안 된다'였다. 당시 소주잔 기울이던 인근 관리부서의 팀장님들, 임원분들의 요청에 눈을 딱 감고 내 앞길 갈 수도 없었다. 삼성에 오너가 되어가는 것도 아니고, 고민했고, 당시 조직의 상황이나 인근 부서를 봐도 내가 빠질 수 있는 사항도 아니었다. 직장생활 10년만 하겠다고 맘먹고, 기존의 의사결정과정이 힘들어 발생했던 사항이라 '개선의 계기'로 생각하자고 생각했다. 당시는 또 결혼을 앞두고도 있었다.

이후 직원들에게 업무분화 등도 시스템화시켰고, 내 방식으로의 밥값을 하면서, 조직에서도 또 각 업체들이 모이는 동시분양, 혹은 공동사업 등에 필자의 방식으로 추진해 동시분양 선수, 프로 소리를 듣다 6년 이후 내가 빠져도 문제없다는 시점, 만 10년 직장생활을 하고 법인을 만들어 독립했다.

조직원 생활임에도 필자 방식의 주경험과 주관이 강했기에, 되고(Yes), 안되고(No)의 소신이 강해 나중에 결국은 나의 스타일을 잘 아시는 담당 임원과 급한 사항은 신속한 의사결정도 하고, 중요한 의사결정은 어떻게든 내 생각을 물었다. 개성 강한 직원의 특장점을 살려 잘 컨트롤하는 것이 리더십이다.

어차피 할 거라면 뒤에 줄 서서 따라 하기보다는 상황을 파악해 내 방식으로의 '대안'과 '해법'을 가지고 '주도'를 하는 성향이다. MBTI의 체크에도, 손금에도, 명리에도 유사한 결론이다.

필자가 독립해 조직을 나온 이후로는 효성이 무엇을 주도하는 기사 등은 보질 못했다. 원래의 색깔로 되돌아갔고, 여러 조직 중 특히 '개발조직'은 사업을 프로젝트를 시작할지 말아야 할지 '선택(Yes)' '사양(No)' 내공이 특별히 요한다. 사업성 검토, 분양성 검토 등 엄밀한 검토와 내공이 필요한 부서다. 잘못 시작하면 애물단지로 마무리하느라 하부부서가 뒤치다꺼리 하느라 고생이다.

필자가 그만둔 뒤, 사실상 반대적 시각을 가진 프로젝트들이 진행되어 한동안 홍역을 치른 것을 언론을 통해, 또 당시 남은 후배들로부터 들었다.

'다 조직의 성장 과정, 문제를 풀고 수습하는 경험치 배운다고 생각해라!!'로 당시 남은 후배에게 위로를 주었다.

어떻게 보면 대기업이라는 위계가 강한 조직에서 10년을 내 방식으로 머문 사례들은 쉽지가 않다. 시기적으로 복합(문+이)적인 내공을 익힐 수 있었기에 가능함도 있었다. 좀 독특한, 한개성 한다는 소리를 들었다. 물론, 견해의 차이로 인해 다른 측면이 있지만, 결과를 만들어 내고자 함이 강하다. 조직을 퇴사해 독립적으로 생존하는 이들도, 조직을 나와 조직과 연결하는 일로 영위하는 경우도 있다. 나는 내 방식을 알기에 나올 때 진행하던 프로젝트를 마무리하는 조건으로 나온 거 외는 더 이상 친정을 찾아가 프로젝트 수주에 연연하지 않았다. 프로로서의 밥값을 했던 시절 또 그 이후는 끝나고 새롭게 독립된 프로답게, 인생주인 노릇하면서 주인의 방식의 삶을 살아나가고 있는 것이다.

아내를 소개받은 것도 당시 개발실무자들 모임에서 기자였던 멤버의 '여동생을 소개해줄까?'로 해서 진짜로 데리고 나왔었고, 가진 것도 결혼생활이 무엇인지도 생각도 없었던 때다. 당시에도 '약사'는 엘리트였고, 어떤 집은 약사 며느리를 얻고자 부모가 유산을 미리 댕겨도 준다고, 그래도 못 얻었다고 한 이야길 들었다.

지나고 보니 그것도 전생의 두 사람의 인연이라는 것을 아니 이해가 풀렸고 그 후 30여 년이 지나 지금은 '마눌'이 '마나님'이 되어 내 의사결정, 선택사양의 결정의 '최우선순위'가 되어있다. 나도 많이 의식적으로 내 기질의 단점을 많이 바꾸는 훈련을 했었고, 지금은 중요한 것이 무엇인지도 알고, '고생 많이 했겠구나' 하는 한 고집을 하는 유전자, 그것을 성과로 만들 줄 아는 아이들의 면도 보인다.

각 개성을 손바닥에 놓고 조합하는 아내는 '3문 컨트롤' 고수요, 초고수다.

아이들의 지난 스토리 겸 필자의 '동기부여'도 남겼다.
이 정도로 사례 등을 참조한 '5가지 인생역전법'을 마무리한다.

내게 주어진 시간, 내가 할 수 있는 여건 속 세상에 존재하는 내 자신을 알고 위의 '5가지 역전법'만을 확실히 응용하고, 익히면 내 인생의 주어진 문제를 역전시키고 풀 수가 있다. 지금은 '아! 그렇지' 하다가 3일 지나면 잊는, 지난 과거로 되돌아가지 않는다. 이 법칙을 3일, 3주, 3개월 이어가면 역전을 할 수 있다.

'오너스킬'의 지난한 제목을 만든 것도 앞장을 다시 한번 참조하면 알 테다. '머리와 손발', '문과와 이과'를 '양과 음'을 결합해야 인생주인이 되기가 빠르다. 필자의 방식이었고, 지금은 이 방식을 풀어서 써내고 있다.

자!! Goal 〉 Go 〉 Stop 〉 Repeat 폰이나 메모에 기록하고, 이 책의 핵심이다. 이 페이지를 접어서든 오늘부터 하나씩 시작하라.

memo

제5장

인생의 주인공 훈련

Owner Skill

경험을 통해 '나(I)'의
유전적 기질 알기

    인생의 주인, 인생역전을 위해서는 '나는 누구인가?' 'Who am I?' 나의 특징을 아는 것이 우선이라고 했다.

    이것이 실상은 가장 쉽고도 어렵다. 나를 알기가 쉬운 듯하면서도 나를 알기가 어렵고, 결국 나의 단점을 극복해야 하는데, 그를 방해하는 요인이 너무 많기 때문이다.

    그래서 반복과 습관화를 통해 뇌에 각인하는 것이 중요하다.

    인간·공간·시간·에너지·우선순위·24시간·3개월 훈련·Goal Go Stop Repeat·식습관 운전 등 이러한 예를 응용해서 '반드시' 자신의 방식으로 만들어 보라고 했다.

    자신의 단점을 알게 되었으면 삶부터 바꾸는 방법서를 만들어 보는 것도 좋다.

처음에는 Goal, 목표를 도달이 쉬운 것을 정해 시간의 힘으로 성취해보는 연습을 해 보는 것이다. 반복, Repeat의 힘으로 성공의 맛을 경험하는 것은 기나긴 침체에 있는 상태라면 효과적이다.

필자 또한 개발 업역의 굴곡을 다양하게 겪는 삶을 거쳐보았기에 수년간 메모하고, 정리하고, 내가 적용한 방식으로 내 삶을 하나씩 바꾸어 왔고, 이번에는 '내 간절함이 무엇인가?' 'Goal Go Stop Repeat'의 핵심어로 이 책을 만들어 가고 있는 중이다.

바이칼 호수에 가면 이런 말이 회자된다.

'세상은 두 종류의 사람으로 나뉜다. 바이칼 호숫물을 직접 손에
묻힌 사람과 그렇지 않은 사람.'

맑은 물에, 광활한 호수를 접하다 보면 어떠한 호객, 광고성 멘트라도 수긍할만하다는 생각이 든다.

자동차 여행을 갔던 처남의 사고수습을 위해 러시아에 갔는데 1주일 걸릴 것이라는 예상과 달리 1달이 지나버린 일이 있었다. 당시 주도적인 도움을 준 이르쿠츠크 영사가 "러시아까지 온 김에 바이칼 호수는 보고 가라"고 적극적으로 권해 휴일 하루를 바이칼 호수 구경에 썼다.

세상의 다양한 곳을 경험하고 겪었지만, 복잡한 감정 속에 훅 들어

온 홍보성 멘트는 잊히지 않는다. 거기다 이르쿠츠크의 '꺼지지 않는 불'까지 이 두 가지의 강렬한 자극이 있었기에 러시아 정신병원에서 환자를 구출하기 위한 한 달간의 지난한 과정도 다 잊을 수 있었다.

당시도 타이밍을 놓쳤으면 회복이 불가했고, 결과적으로 한국 돌아와서야 사실상 살아나기도 했으니 보람이었다.

요는 이 책 《오너스킬》의 핵심훈련법인 '골〉고〉스〉리' 훈련법을 익혀 시간을 주인답게 사용하는 사람과 그렇지 않은 사람으로 나뉠 수 있다'고 응용해 봄이다.

물론 출발이 다른 사람이 이 훈련마저 병행한다면, 더 나은 성취가 나온다.

책을 읽는 사람들은, 알게 모르게 출발이 늦은, 현실을 극복해야 하는 불리함을 노력을 통해 극복하려는 이들이다.

특히, 건강 관련 분야 등의 전문직이란 먼저 공부(법, 건강 등 면허, 자격) 했거나, 먼저 선점한 이들(기업)이거나 먼저 만들(게임)거나 후발로 배우고 사용하는 관계다.

'타이밍'의 선점 내공이기도 하다. 선호가 높은 곳은 경쟁이요, 이 관문을 뚫으려 1년, 2년 등의 시간을 투입해서라도 같은 공부를 반복한다. 그럼에도 진입의 경쟁은 치열하다.

이 타이밍이 늦었다면 극복하기는 어렵고, 그렇다 보니 대부분의 삶은 그냥 '살던 대로 살라'고 현실 안주를 권한다. 쓸데없는 노력으로 극복해서 뭐하냐는 의문은 나를 방해하는 수많은 암초로 여기저기에서 나의 진전을 가로막는다.

순간적 감각 위주로, 나의 근본 성장을 가로막는, 내 본질을 모르게 하는 도처의 돈벌이용 상품, 말, 논리, 위안거리, 말초를 자극하는 것들에 의해 내 우선순위가 결정되는 건 당연하다.

이것을 구분하는 내공이 있어야 선택.사양을 제대로 한다.

그렇기에 세상은 차이가 난다.

오늘, 내일, 결국은 한정된 시간 속, 시간이라는 이 속성의 고수들은 그것을 자신의 방식대로 주인답게 사는 데 이 방식을 익혀 미리 자신만의 패턴 게임화시킨 사람은 돈·시간·에너지·영향력 등을 자신의 패턴으로 만들어 주인답게·자신의 스타일로 살고 있다.

이 비밀과 방법은 아무에게도 가르쳐 주지 않고, 자신의 기득권, 돈, 영향력을 키우기 바쁘다.

나의 아버지는 나보다는 타인 위주, 나보다는 형제 위주, 내 몸보다는 나라의 안위가 우선인 기질이셨다. 그러한 성향은 가난한 집안에 주로 태어난다.

아버지는 2020년 국가 유공자로 지정되었다. 나의 형제와 내 자녀는 어떠한 물질적 혜택보다 명예로운 영광을 받았다.

나 또한, 내 몫의 병역의무로 당시의 군대도 갔다 왔고, 받은 혜택보다 더 되돌리고 있다. 보유세, 종부세 등으로 제세금으로.

지난 수년간 각가지 명의의 세금납부를 최우선순위로 준비해 놓아야 한 해를 마감한다. 세금으로 받는 혜택보다, 더 되돌리고 기여하는 삶을 추구한다는 의미다.

나를 알고 내 성향을 아는 것의 방식은 여러 가지가 있다. 내 아버지·어머니가 어떻게 살다가 가셨는지를 알아야 나에 관해, 내 특장점이 무엇이고, 무엇을 단점을 극복해야 하는지에 대한 답이 있다.

어머니는 일본서 당시 오토바이 사업을 하시던 외할아버지의 맏딸로 태어나 부유한 어린 시절을 보내다 엄마(외할머니)를 일찍 잃고, 해방과 함께 한국으로 왔다.

한국의 정서와 말도 서툴렀던 어머니의 힘든 생활상이 이제야 얼핏 이해가 간다.

큰형을 낳은 뒤 입대하신 아버지는, 장남은 군대에 가서는 안 된다는 생각이셨는지 당시 형(큰아버지) 몫까지 5년여 이상을 군 생활하시고 부상 당한 몸으로 돌아오셨다. 작은형이 태어나고 누나 둘 다음에 내가 태어났다.

당시의 참전과 부상의 후유증으로 파편 등이 완전히 제거되지 않았고, 고통을 술로 이겨내셨던 듯하다.

어머니는 외가 쪽 형제들이 김수로왕의 후손인 김해 김씨 집안이다.

외삼촌들의 성향들도 모두 도전적이요, 사업가적 마인드다.

한동네에서 살던 외삼촌들은 당시 전기 기술자이다가 한두 채 집을 짓는다더니, 지방도 아파트 수요가 많아지고 골프장, 아파트 개발사업 등에 뛰어들었다. 나는 정규대학 건축과를 졸업하고, 대기업에서 정통 개발사업을 10년 이상을 훈련해 수도권에서 회사를 운영했음에도 개발과정의 굴곡을 겪었는데, 나와 비슷한 시기 외삼촌은 고향에서 부도도 나고, 명의를 빌려 다시 또 뛰어들고 한마디로 새로운 분야에 도전하는 달인이었다.

그 시기 바로 위 누나는 '시'를 쓰다가 문협회장 등과 동네의 지역 현안 문제를 하나둘 해결한다더니 어느 날 지방선거에 뛰어들었다. 그 뒤에는 시의원, 시의장을 하다, 시장에 출마해 떨어진 뒤 다시 시를 쓰기 시작했다. 새로운 분야를 도전하는 것은 나와 바로 위 누나가 외가 쪽의 유전자 기질을 더 받지 않았나 생각이 든다.

성경을 신·구약 한글로 책자 필사본 남기며, 틈틈이 붓글씨를 해오신 어머니를 떠올리면 나도 새로운 분야, 그중 기예 쪽은 어머니 쪽으로부터 받은 듯하다.

동시분양, 홍보, 광고, 개발······.

개발은 현미경과 망원경 중 망원경을 주로 본다. 몇억이 몇 개라고 하듯이, 오랜 준비와 조직력과 자금력과 등으로 투자해 정부정책, 인·

허가 등의 변수와 시장의 수급변화라는 변수와 리스크도 있다. 또 어려움이 많기에 성취하면 보상도 성과도 크다.

약사라는, 망원경보다는 주로 현미경을 보는 약국의 안정적인 삶을 살아오던 아내는 내 업종의 굴곡을 지켜보더니, 이후에는 투자 등에 강력한 브레이크를 걸었다.

아마도 아내의 브레이크가 없었다면 대장동 등으로 투자자의 일원이 되어 있었을지도 모른다. 신문을 오르내리는 멤버들에 당시 자문을 주고받던 개발의 프로가 포함되어 있다.

궁극에는 아내의 브레이크로 인해, '물질'의 성장방식이 아닌 내면의 성장으로의 방향을 전환한 계기이기도 했고, 지난 다양한 경험과 내공을 취합한 '인생역전 방법서'를 남기는 것도 어찌 보면 내 삶의 수순이요, 전화위복이다. 망원경을 보는 업종, 몇억을 몇 개로 표현하는 업종에서 망원경을 주로 사용하는 훈련을 하다 현미경으로 보는 훈련까지, 미시와 거시, 거시와 미시 결국은 인생은 '두 가지 훈련'의 완벽한 훈련이 되어야 온전한 고수, 초고수의 내공이 됨이기도 하다.

인생 성장을 위해서는 '양과 음', '천간과 지지'를 골고루 익힘에 대한 '오너스킬'이 나온 계기다.

굴곡을 겪어온 시대적 과정과 산업화시대의 발전과 맞물리며 나의 5형제 각기 다른 삶과 아내 쪽 6형제의 각기 다른 삶 또한 장인과 장모 쪽의 유전자 비율에 거기다 명리구조의 다름까지도 연계해 본다.

다름을 인정하고 '존중'하는 속에서 상호공존해 왔던 과정이다.
또 다른 존재로 나를 잘 아는 사람은 나와 오랜 기간을 같이 한 바로 '배우자'란 존재요, 자식들 또한 나와 아내의 유전자 비율에 따라 내 장단점, 아내의 장단점이 고스란히 보인다.

인생의 주인공 되기 프로젝트

'인생의 주인공을 만드는 이는 누굴까?'

이 책을 읽는 바로 '나(I)'다.

나밖에 현재의 시간을 궁극에는 주인의 삶으로 만들 수밖에 없고 그 외는 조언자다. 가족도, 친구도, 기타 인생의 어떠한 관계에 있는 사람도 다 나란 인생극의 조연으로 잠시 역할 배분이다.

그 조언의 진짜 내공은 또 누구한테 더 있을까?

이론가도 아니다.

갖가지 문제를 실제로 돌파하고 극복한 사람이다.

- 건강(만성, 일시적)문제인가?
- 돈, 경제적 문제인가?
- 주거(집) 문제인가?

- 인간관계(공존) 문제인가?
- 기타 인생의 다양한 문제가 있을 수 있다.

노력해도 내 삶은 잘 안 바뀌나? 책도 보고 하는데….

- 그 '비밀'을 알지 못하거나?
- 알았다손 하더라도 '실천'이 부족하거나?
- 실천은 하는데, 완전히 '나(I)'를 알지 못하고 실천하거나?

이 중에 하나 혹은 중복이다.

또 그러한 진짜 내공을 겪은 이들은 표현법이 서투르거나, 각자의 상황에 대한 '개별요인'을 잘 구분하지 못한다.

세상의 조언에는 내 유전자의 특성(부모로부터 물려받은 각기 다른 특성)을 구분해서 대입시키는 자기계발이 거의 없다.

무수한 인생역전법, 인생 성공법을 보면 누구는 한 우물 파라고, 누구는 여러 우물을 파라고 하는데, 도대체 어떻게 해야 맞는지 누구도 확신을 주지 않는다.

직장생활을 계속할지, 나가서 사업할지 고민일 때, 누구 말을 믿어야 하나? 답답해서 점도 보고, 명리 해석도 해 본다.

답들이 다 다르다.

당장 선거 후 내일 당선이 누가 될지도 0.7% 표차에서 명리 쪽이든, 예언가든 맞히기가 어렵다. 확률 50%다.

내일 일은 어느 누구도 100%, 정확히 맞히긴 어렵다.

단, 특성, 기질, 시기적 운 흐름을 통해 나서고 물러섬, 물러서다 나서는 타이밍과 패턴을 가늠할 수 있다.

명리, 손금, 전생, 유전자를 통해 각기 다른 장단점이나, '아! 내가 이런 사람이구나' 하고 알게 되는 시점이 오면 나 자신에 대한 궁금증의 퍼즐들이 하나씩 맞추어 진다.

공존 & 인생의 주인 게임

인생의 주인답게 살고자 직장생활 10년만 하고 나온다고 선언하고, 10년 법인 대표자, 10년 임대사업자로 차례로 전환해 '시간의 주인'에 대해 실천하고, 3가지 방식의 장단점을 골고루 비교할 수 있는 실천 결과와 열매 맺는 방법서에 대한 축약을 글로 남기고 있다.

경제적 문제를 해결하고, 여행하고, 기타 치고, 책도 남기고, 건강 돌보며, 아내 일도 돕고, 자녀의 독립도 돕고 그 순서만 조금 다를 뿐 누구나 '인생 후반부에 다 하고 싶어 하고 부러워하는 것들'이다. 그 하고 싶은 것을 하나하나 하면서 본문을 통해 다양한 방식과 비유로 인생의 '열매 맺고 역전하는 훈련법'을 남겼다.

이젠 내 간절한 순서가 그 '방법서'를 알기 쉽게, 따라 하기 쉽게, 각인이 되게 남기는 것이기도 하기에……

순서에 구애 없이, 우선순위는 각자의 주어진 상황이다.

또 다양한 훈련법을 다양한 형식과 방식으로 남겼기에, '나(1)'의 선호

방식으로 선택해서 시작하면 된다.

책을 끝까지 읽었다면, 혹 읽는 중이라도 좋다. 펜으로 쓰는 것도 좋고, 휴대전화에 메모를 입력해도 좋다. 스스로 남긴 기록에서부터 하나씩 실천하는 것이다. 내 방식으로 반드시….

각오를 다지고 간절한 목표를 세우고 과정을 따라가면서 몸과 마음의 훈련을 해야 한다. 그 시작은 미미하나, 실천을 반복하다 보면 당신의 인생이 바뀐다. 반드시….

오늘 이 순간부터 남은 내 삶의 가용시간을 체크하고, 시작한 날짜를 명기하라. 기억하고, 기념하고, 자축하라.

10대〉20대〉30대〉… 빠르면 빠를수록 좋다. 시간의 주인 되고, 후반부가 여유로워진다. '목표(Goal)'을 경제적인 자유, 독립문제라면 부동산, 경매, 재테크도 많고, 책쓰기, 몸관리, 사람관계, 자기계발 등 하나씩 세부실천 로드맵은 인터넷 검색, 카페, 블로그 도처에 많다. 습관훈련을 해서 하나씩 직접 부딪치고, 가입하라(Go). 익히는 훈련은 어렵지 않다.

관객이 아니라, 주인으로서, 주인공으로서 당당하게….

자신에게 박수 쳐주고, 월말 연말에 점검하고 결산하고, 스스로 포상하라. 빠를수록 좋다. 때론 한쪽 눈 질끈 감고 목표(Goal)를 위한 삶, 힘차게 목표달성을 위해 외롭게 고군분투하는 것이 인생이다. 주어진 상황, 자신을 극복해 인생역전 하는 맛, 멋지지 아니한가? 역전 후 고비를 넘기면 또 쉬고 즐기는 시간도 반드시 온다.

'인생의 주인을 스스로' 만들고, '하늘은 스스로 돕는 자를 돕는다'는 만고의 진리를 기억하고 현실에 실천하는 것이다.

공적기여 : 식사 조달법

내가 사는 곳 인근의 안나의 집 김하종 신부는 30년째 주방일을 하면서 사랑을 실천하고 있다.

여러 삶의 패턴도 많지만, 가진 것을 나누고, 실천하고 주어진 상황을 때론 받아도 들이고, 그러면서 궁극엔 주어진 시간에 꿈꾸었던 꿈도 이루고, 그곳에서 봉사하는 이들도 내 삶을 긍정적으로 열정적으로 실천적으로 사는 삶, 이 또한 이 땅에 태어나 행복의 실천행이요, 아름다운 삶을 사는 방식이다.

그런데도 세상은 여전히 한정된 재화와 용역, 경쟁, 양극화는 피할수가 없기에 예기치 않는 운 흐름의 진폭으로 바닥에 있는 상태라면 여러 가지 고통이 엄습해 온다.

이때, 내 내면이 조급, 불안 등에 자칫 잘못 발을 디디면 이를 노리는 이들 또한 도처에 있다.

필자는 밥 혹은 봉사단체와 밥을 만들거나, 배식을 봉사하는 방식이 아니다.

깊숙이 '시간'의 내공, 시간의 가치를 공부해 '스스로 바닥에서 빠져나오게' 내 생각과 내 손발의 습관방식을 바꾸는 '훈련법'을 남긴 것이다.

주어진 '시간'을 보는 관점과 습관이 결국 자신의 선택을 만든다. 하루라도 먼저 훈련해야 유리함을 이젠 깨칠 시점도 되리라 본다. 내 삶이 고통의 바닥에서 도무지 빠져나와 지지 않을 때? 이러저러한 방법을 못 찾았을 때?

어떤 책은 현재의 행복을 저당 잡혀, 무리 말고 즐기라고 하고, 어떤 이는 처음부터 도달치 못할 사례들로 일만 시간, 십만 시간을 더 지속하라고 하고 있다.

읽고 나서 내 뇌에 각인이 안 된다면 도대체 어떤 방식으로 하란 건지 답을 찾을 수 없다.

본문에 예를 든 명리구조의 '묘(卯)'와 '축(丑)'의 진전 방식이 다르고, 특히 축을 가진 이들은 자기계발서를 거의 볼 것도 없다.

필자의 방식으로 때론 운 흐름 공부도 하고, 또 당장 '바닥을 탈출'하는 생각과 습관(천간과 지지, 머리와 손발 훈련)방식이 있다.

내 간절함과 우선순위가 무엇인지부터 살핌에서 시작이다.

2023년 꿈꾼 희망을 연말에는 구체적으로 실천해 꿈을 현실화시키는 삶이 되길 바란다. 지금이 가장 빠르다.

인생역전 훈련법

┃ 시간의 힘·반복·시간 양: '나(I)'를 바꾸는 훈련법

인생역전 훈련법 몇 가지를 요약한다.

내 방식에 잘 맞는 것을 집중적으로 실천해보길 바란다.

❖ 1) 시간 습관

시간 양, 우선순위, 시간 반복, 3대 시간의 패턴을 익히고, 훈련되면 소요 시간이 단축된다. 고3시절을 생각해 분단위, '하루 1440분까지' 쪼개던 절박감을 때론 훈련할 필요가 있다. 궁극에는 자투리 시간도 활용하게 되는 경지·오늘, 이 순간 취하는 시간 습관(가장 중요한 습관의 내공)

❖ 2) 선택(Yes) 사양(No) (취사) 습관

인생의 주인은 선택할 수 있는 단계·선택사양, 취하고 버리고, 모든

것을 동시에 다 취할 수는 없음. 하나를 취하면, 하나는 버리는 훈련(양파동의 이론, 선택의 내공)

❖ 3) 식습관

절제 훈련 식탐을 버림. 내 몸에 맞는 식습관 개선, 성인병, 혈당, 혈압, 고지질 등 약물 최소화(1주 단위 · 3끼×7일 ➡ 21식 식습관, 체크 · 인생 후반기 잘 익힐 습관)

❖ 4) 장고 속행 습관

때론 장고도, 때론 빠른 행동력도 필요함. 이 구분을 잘하는 습관(결정력 큰 투자 등은 장고, 선하고 좋은 일은 빠른 행동화)

❖ 5) 경제 습관

시간, 인생주인이 되는 경제적 목표 도달 시까지는 불필요한 지출 통제훈련(시간 주인에 도달 이후는 내가 밥사, 술사)

❖ 6) 언행 습관

말은 적게, 말로 한 약속은 행동화, 실천은 빠르게(지행합일 · 언행일치)

❖ 7) 공존습관

나도 좋고 상대도 좋은 공존, 역할 분담 · 피해를 주는 행동은 피하는 습관(1/2~1/N · 분담훈련 · 일일 이타행 습관)

❖ 8) 리더십 중행 팔로우십 습관

때론 리더로, 때론 팔로우 역할 하면서 양파동 이치다. 극단적인 선택은 피하고 평상시는 중행(좌·우 정파적 치우침의 발언, 선동의 부화뇌동)

❖ 9) 청결 습관

나의 몸과 내가 쓰는 공간, 주변부터 깨끗이 정리, 청소 습관(수처작주·입처개진)

❖ 10) 평정 습관

불가피한 상황에 마음이 동요되었을 때 빨리 정상으로 복귀하는 습관(비정상 상태가 길어질수록 소모 기분 전환, 분위기 전환하는 방법을 익힘)

훈련방식

이 중에 훈련 유념할 것. 약한 것 ➡ 리스트, 우선순위 남기고 ➡ 실천 결과 체크 ➡ 습관 내공 ➡ 인생주인

인생 후반기의 '오너스킬'

인생의 정점을 지나게 되고, 한두 해씩 연식이 늘면 인간의 지력 중 기억력이 퇴화한다. 잘 까먹는다.

즉, 여러 개 동시에 하려다 보면 한두 개는 잊어버린다. 잊어버리고, 두고 다니고, 왜 그럴까? 뇌, 인지기능이 쇠퇴 수순이기에 들었기에, 당연하다.

그래서 단순화, 표준화, 전문화하듯이 집중해야 하는 것이 다른 이유가 아니다.

보편적인 패턴에 맞추어 인생 후반기는 전반기의 확장일변도와는 또다른 인생의 패턴을 익혀야 한다.

기존의 매너리즘에 반하는 'Say No'도 필요하다. 그러나 그것만도 안된다. 때론, 'Say Yes'도 필요하다. 그렇게 해야 인생역전을 위한 양면을 골고루 익힌 대응이다.

- 내가 할 수 있는 것(Yes). 없는 것(No).
- 내가 먹을 수 있는 것(Yes). 없는 것(No).
- 내가 만날 수 있는 사람(Yes). 없는 사람(No).
- 내가 편안히 보낼 수 있는 공간(Yes). 없는 공간(No).
- 내가 할 수 있는 일(Yes). 없는 일(No).
- 내가 좋은 시간(Yes). 불편한 시간(No).

등등 이런 '선택(Yes) 사양(No) 훈련'을 확실히 미리 해놓는 훈련을 해놓아야 한다. 예스맨도, 노맨도 아닌, '노하우(KnowHow)'맨 & 우먼이 되어야 함이다. 이 훈련이 연장되어 인생후반부는 부정적인 No인이 되거나, 상황에 주어진 상황에 무조건적 지배를 받는 예스인이 아닌 '노(Know)인(人)'이 되어 인생을 주체적으로 살다 다음 세상으로 여행하는 것이다.

예기치 않는 변수는 늘 발생하며, 이에 대처해야 할 '여유'를 확보해야 하기 때문이다. 인생 후반기의 차이는 그 차이가 내공의 차이가 됨이요 이로 인해 계속 '양극화'의 격차가 벌어짐이요, 회복하고, 만회하는 속도가 늦고, 만회의 시간도 한정되기 때문이다.

이 오너스킬을 통한 '선택(Yes) 사양(No) 훈련'을 미리 해놓은 사람과 후반부에 안 해 놓는 사람의 차이다. 미리 훈련을 하라.

어떤 것은 피하고 갈지, 집중해서 에너지를 쏟을지, 여유가 있으면 대처가 된다. 또 흔들리더라도 복귀와 회복의 시간이 빠르고, 롤러코스터의 진폭이 작다.

이 훈련을 위해선, 이 책 전반부의 '나(I)'를 아는 과정을 반드시 거쳐야 함이고, 이 훈련을 거치게 되면 내게 맞는 음식이 무엇인지, 먹어야 할 것, 주어도 안 먹는 게 무엇인지를 아는 훈련도 거쳐진다. '앗 뜨거워!!' 해서 혼쭐이 나봐야만, 먹을지 안 먹을지 훈련도 되고, 뇌에 각인도 되고, 그래야 자연스럽게 습관형성이 된다.

그간 다각도에서 다방면의 훈련방식에 대한 글을 남겼다.

글로서의 표현이란, 인생의 시점, 즉, 되돌리는 초, 중, 말기, 한마디로 여러 시점과 측면이 다르다. 그간, 다양한 시점과 각도와 사례와 다양한 측면을 가능한 각인이 되게끔 다양한 사례와 비유를 남겨보았다.

- · '망각'존재란 공통점
- · 각가지 삶의 문제 발생도 공통점
- · 유전자의 다름 · 운 흐름의 다름 · 노력 방식의 다름

이 또한 공통의 특성 요인으로 "인생 문제의 해법"을 찾는데 훈련이 된 사람과 단순히 결과만 암기해서는 체득하기 어렵다. 체득이 안 된다. 그래서 습관, 체득, 시간의 선택사양 훈련은 '자신(自身)'밖에 할 수가 없다.

자신의 주어진 상황이 다다르기에….

자! 이제 잠시 이 책을 덮어라.

스스로 돌아보고 심호흡을 잠시 하고 명상의 시간을 가져 봄이다.

나는 어떤 사람이 될 것인가?

여전히 박수 치는 관객이 될 것인가? 역전해 인생의 주인공이 될 것인가?

다른 자기계발서와의 '차이'

이 책과 일반적 자기계발서의 차이점을 몇 가지 요약하겠다.

1) 사람의 특성·성과요인을 분류했다.

타고난 유전자, 운 흐름의 변화, 인생을 바꾸는 훈련방법이다. 수긍이 갈 것이다. 기질도 다르고, 출발도 다르고 공평하지도 않다는 것.

가령, 나는 열 시간을 해도 도달이 어려운데, 저 친구는 한 시간 만에 뚝딱해서 이룬다. 공부 쪽이든, 운동 쪽이든 유전자 영향이 크다.

그러나, 유전자만 좋다고 다 세상은 무엇을 잘 이루는가? 아니다. 운 흐름 변화 속에 굴곡을 거친다. 예외가 없다. 주위를 돌아보라. 10년, 20년, 30년 길게 봐서 10년 단위의 대운에서 늘 잘나가는 사람을 보았는가? 아무도 없다. 반드시 삶의 굴곡을 거친다. 그렇게 되어 있기 때문이다.

2) 인간의 '망각함'을 고려해서 '나(I)'를 아는 공부[명리(일간), 손금, 전생 등 운 흐름 변화]로 '단점을 극복하는 셀프훈련'을 게임의 원리에 맞추었다.

'골)고)스)리' 훈련법은 인생정진 실천훈련법으로, 이 방식으로 다양한 인생의 진전들을 경험했다. 《하트에너지》 발표 이후 지난 7년여 삶의 성장은 하나씩 이 방식을 통한 목표를 진전된 결과다.

3) 이 시대 가장 많은 가정의 비율을 차지하는 '맞벌이 부부'의 공존, 상생, 자녀독립, 취미, 여가 증진을 통한 인생 주인법을 남겼다.

처음엔 생소하나 하나씩 하다 보면 잘 하는 게 반복, 게임이요, 처음에는 세입자이나 시간의 훈련을 하다 보면 주인도 되고, 이 훈련으로 궁극엔 인생의 주인 노릇 하면서 한세상의 주인공으로 살다 멋있게 떠나가게 하는 인생 역전지침서다.

그밖의 다른 자기계발서들, 장점도 또 맹점도 있으나, 그 맹점 중의 가장 큰 공통점이 성과자의 사례, 성향대로 옮기고 일부 측면을 강조해 그 사례의 일면만을 남겨 '나(I)'에 접목하기가 어렵다.

'나와는 분명 다른 특성인데?' 하는 의문이 온다. '좋다' '나쁘다'를 떠나 기질이 다르다. 운 흐름의 굴곡에서 이기복을 줄여야 장수와 인연이라 유추해 본다.

명리, 손금, 전생, 체질 등 "나(I)'를 아는 공부가 우선이다'란 다각도로 남긴 의미였다. 특정 과거·현재·미래 시간 해석 분야의 특정 학문

전도사도 아니요, 운명에 맹신해서 삶을 운 흐름에 맡기거나 운명 탓으로 돌려 손 놓는 것이 아니라는 것은 독자분들은 알 것이다. 그 흐름에 맞추어 나를 더 살피고 약점을 극복하면 결실이 배가 된다.

해석법이 조금씩 달라도 궁극에는 '자신'을 알게 되고, 현실 문제의 대부분 원인이 결국은 자신의 탓으로 귀결도 됨이다.

결국은 시간의 내공으로 나를 알고, 모든 변화는 내 안에서 나온다. 꾸준히 촉을 밝히다 보면, 내 안에서 내 방식의 문제의 답이 거의 나온다. 그 방식으로 실천해 나가면 된다.

'방대한 분야'의 학문적 시각을 자기계발의 언어로 만들어 새로운 방식으로 축약해온 과정이라 어떤 측면은 조금 세부적으로, 어떤 측면은 코끼리 발만 만지는 언급도 있었다. '나(I)'를 안다는 것은 소크라테스 시대에서도 '너 자신을 알라!!'고 했고, 손자병법에서도 '적을 알고 나를 알면 백전백승'이라고 했다. 서양이든 동양이든, 역으로 말하면 그만큼 어려운 것이기도 하지만, '나(I)'를 알면 성과가 나온다. 이미 이 분야 공부의 고수도 있을 테고, 전혀 문외한도 있을 테다. 시간이 조금 소요되더라도 예시적 방식(손금, 명리, 전생, 유전자 등)을 참고하든, 또 다른 방식을 참조해 궁극에는 독특한 특성인 '나(I)'를 알고, 자신에 맞게, 자신의 특성 키우고 보완하는 공부와 시간의 패턴과 주기를 익히고, 또 '골〉고〉스〉리' 등으로 정진해서 주어진 시간의 주인, 인생의 주인공이 되는 삶이 되길 바란다.

멋지게 살다 이 책을 응용해서 새로운 방식, 더 진전된 당신만의 운전법, 해설법, 역전법, 응용법이 나오기를 기대해 본다.

'오너스킬' 응용법

이 인생역전 훈련법을 할 필요 없는 사람도 간혹 있다.

인생의 효율과 변수요인 중 유전자·운 흐름·훈련법이라고 했기에, 아래에 해당하는 사람은 끝까지 보이지 않는다.

1) 내 타고남의 유전자가 이미 좋고(기억력, 판단력, 적응력, 사회성, 순응력, 창의력, 융통성, 응용력, 인내력, 건강, 여유 등)
2) 내 현재의 운 흐름이 좋고(명리 해석상 대운이 인수, 관운 등, 손금 상 운명선이 곧게, 지장선 없고, 감정선 깔끔 등)
3) 내가 이미 내 단점요인을 이미 알고(부모 등으로부터 받은 기질적 단점요인)

미리 실천한 사람이라면 더 훈련할 필요가 없다. 그는 이미 프로다. 또 큰 굴곡 없이 무난하게 잘나갈 수 있다.

그러나 인간의 삶에서 잘나갈 때의 특징은 다음과 같다.

1) 태어나 좋은 유전자에 좋은 운 흐름으로 가거나(➡ 운 흐름이 나쁠 경우)
2) 초년에 미리 이 극복요인을 깨우쳐서 잘나가거나(➡ 유전자도 좋으면, 극복
   요인 거쳤다면 이후 다시 운 흐름 나빠도 재기)
3) 이 요인을 깨치지 못하고. 운으로 잘나가는 경우(➡ 운 흐름이 나쁘거나, 유
   전자가 나쁘면 또다시 롤러코스터)

이 경우 유전자가 나빠도 잘나갈 수가 있다. 이 세 가지가 동시에 충족되어야 진정 잘나간다고 볼 수가 있다.

그게 아니라면 '운의 굴곡'을 반드시 맞게 됨이기에, 내가 현재 이 순간 잘나가니 이런 공부는 필요가 없다기보다는 내가 내 실력('단점 극복' 훈련을 가짐)으로 이 자리에 이른 것인가? 운인가? 등을 고려해 더 공부하고, 단점 보완해가야 함인지 판단할 수가 있다.

누구도 반드시 운 흐름의 변화가 온다. 연 단위도 있지만, 10년 단위의 대운을 주로 보면 이해가 쉽다.

인생의 극복은 결국은 자신의 단점 극복이다. 따라서 잘나갈 때 돌아보고, 혹, 시련의 시기라면 내 단점을 극복할 절호의 기회로 삼아 자신을 돌아보고 공부하고 내공을 다지면 인생의 주인공으로 다시 뜰 때가 분명히 온다.

그간, 시간의 주인, 경제적 주인, 건강관리의 주인, 마음 관리의 주인, 인간관계 공존의 주인, 공동체에서의 역할분담 주인, 리더십과 팔

로우십 주인, 내 주어진 환경에서의 주인 등을 담은 방법을 축약, 훈련법을 요약했다.

'선택 내공'(Choice Up)

❖ **매일매일은 삶의 늘 변수, 선택훈련과정**

늘 새로운 결정 거리 발생, 주어진 정보·문제를 마주하고 이 판단으로 일상의 시간을 매일매일 보내는 방식(* '더 진행할지 여부'를 쉽게 결정하지 못할 때 사용하는 선택내공 높이는 방식 요약)

1) 첫째, 현 상황 분석에는 'SWOT'를 사용

- S : 경험치 · 건강
- W : 더위 · 감정조절
- O : 뉴스(업종별)
- T : 정치 · 위계 · 사회 · 정치 · 종교 · 금리 · 환율(국내외 여러 변수들)

2) 둘째, 이를 토대로 현재의 '나(I)' 운 흐름을 본다.(*컨디션 외)

- 명리 & 손금 & 전생(시간, 내공이 조금 필요 · 점차 시간 날 때 익히는 방법)
- 천간, 지지, 대운, 세운, 생명선, 태양선, 감정선, 두뇌선, 기타선

3) 주변 상황 체크 방식 外

- 人 체크 : 통화 or 미팅, 외부시각 경청 등
- 時 체크 : 우선순위 · 타이밍 · 양 · 주기 · 패턴

- 空 체크 : 현지답사(공간감) 외

4) 결론 & 선택

- 앞 내용을 토대로 잠정 '결론 & 선택'
- 결론 과정은 가능한 메모
- 이 또한 인생과정 훈련
- Goal 〉 Go 〉 Stop 〉 Repeat
- 존업(存Up) or 존버 (*내공 쌓이면 시간 단축, 축약)

5) 응용 분야

- 인생은 모든'선택'의 과정
- 특히, 투자, 관리, 인생진로 외
- 상위로 갈수록 '선택(Choice)' 최고수들 리그

'존(存 & 尊: 存Up)'

'인간으로 태어나, 가장 얻고 싶은 인생의 과정이 무엇일까?' 긴 고민과 성찰을 통해 하나의 어휘로 축약해서 풀어온 것이 있다.

'존(存 & 尊)'이다.

스스로 주인(主人)이 되는 것도 이것(存)을 얻고, 유지하고, 높여 나가고자(尊) 하는 궁극의 행위다.

삶에서는 돈도, 음식도, 약도, 운동도, 건강도 필요하지만, 이것을 잃었다고 느낄 때, 뇌가 장기적으로 굳어지면 흔한 마음의 감기라는 '우울증'이 올 수도 있다.

강력한 '목표(Goal)'이 있다면 우울이 자리할 틈이 없다. 스스로 간절한 목표를 만들고 살아야 할 분명한 이유이기도 하다.

이 시대, 대부분은 돈으로 해결이 되나(물질문명 시대), 돈보다는 건강일 수 있고, 궁극엔 '존재(存)'감이요, '존중(尊)'감이다. 영어로는 'Honor'이며, (아파트 브랜드를 만들 때, 고품격을 위한 곳엔 기의 빠지지 않게 사용함. 디에이치 '아너'힐스 외) 좌·우 이념도 돈의 영향력을 가져, 궁극에는 '존재감을 확보'하고자 함이요. 종교도 정치의 가치도 또 참여하고자 하는 개인도 궁극에는 이 '존'을 더 얻고자, 높이고자(尊) 한 것이다.

그러나, 의도와는 달리 정치적인 진출은 오징어 게임화되다시피 하는 정글 속이라 오히려 참여하지 않느니만 못한 것이 현실이다.

이러한 인생 후반기 일정 단계의 성취훈련을 한 이들 혹은 오징어 게임방식의 정치 참여가 아닌 '지고지선(至高至善)'의 실천이기도 함이다.

- 궁극엔 '존재함과 존재감을 높이는 存 & 尊'
- '존재감을 Up' 시키는 훈련하는 것을 시대에 맞게 만듦(고교 & 대학 동문과 골프모임, 존업 운동 시도 중)

간간이 이 실험적 방식의 게임으로 '인생 후반기 존재감도 높이고, 인생의 궁극적인 행복지수 높이는 것을 게임화'시켜 만들어 보고자 함도 있다.

'인생 100세 시대'

인간은 게임의 동물이기에 게임을 통해 존(存 & 尊)을 높여야 한다.

오징어 게임을 대체하면서 상생의 훈련법들(때론, 골프게임+α를 통한) 주인정신을 바탕으로 실제 주인 되는 훈련법이다.

┃ '존업(存Up)' 훈련

Self 체크를 통한 훈련을 해보자.

❖ 인생의 저녁 시간의 '여유 10' Check List

'경제' 여유(적정자산)·'건강' 여유(마음, 몸)·'취미' 여유(여가활동)·'일'의 여유 (현역)·'자녀' 여유(독립분가)·'가사분담' 여유(공존훈련)·'친구' 여유(지근거리)· '멘탈' 여유(노화수용)·'공동체기여'(세금납부, 이타행)+'현금' 여유(밥사, 감사, 술사)

- '존(存)'의 레벨

'의존'급 ≪ '생존'급 ≪ '지존'급

- ✓ 모두 갖추면 후반기 대비 '지존'급. 거기다 한국판 노블레스 오블리주의 실천(인생 후반기 한 인생 잘살다 '평정심' 이루고 다음 세상으로~)
- ✓ 첫째, 둘째 중 한 가지 이상 빠지면 채워가는 보편적인 '생존'급(후반기 의료비 지출 등 고장 난 곳 고치고, 채우느라 빠듯한 일반적 인생의 도돌이표 과정)
- ✓ 거의 빠지면 누군가에 '의존'할 수밖에 없는 상태

존(存)이 낮을수록 아프면 돈이 더 들고, 외로워지는 노후 악순환의 도돌이표가 발생한다. 가진 여유가 하나씩 없어진다. 신문을 장식하는 고통스러운 노후의 삶, 거기다가 가속되는 여유가 사라진다.

양극화는 구조적 가속이다. 마냥 오징어 게임에서 웃고 즐기기만 할 것인가?

본문을 통해 '오너스킬'을 훈련해서 자신의 방법과 익히라는, 인간, 공간, 시간 훈련을 통해, 망각하는 인간의 특성, 부정적 감정에 휘둘리는 감정의 실체(이에 대해서는 긍정 '하트에너지'에 있음. 부단히 충전)를 알아야 한다.

특히, 양극화의 실체를 너무 늦게 인지하여 경제, 건강 등이 충족되지 않으면 그 상태를 받아들이는 '감사훈련'+'하나씩' 그다음부터, 주어진 남은 시간을 자신이 가능한 것부터 훈련을 통해 도달. 여러 방식과 여러 측면을 부각한 표현들이다.

누구든 '인생의 저녁 시간'이 도래한다.

하루라도 먼저 대비해서 '골(Goal) 〉 고(Go) 〉 스(Stop) 〉 리(Repeat)', '선택(Yes) 사양(No) 훈련'을 통해 스스로 하나씩 노후 대비를 해야 한다.

자녀세대들은 그들대로의 경쟁이요, 나 아닌 누군가에게 시간 에너지를 무한히 내어 줄 수도 없다. 국가는, 정치는 개개인의 삶의 근원적인 문제까진 해결하지 못한다. 국가적 지원은 연명 수준이다. 지원을 받다 보면 스스로 일어서는 힘마저도 더 약화시킨다.

인생 후반기, 노후, 노화의 길은 어느 누구도 예외가 없다. 나날이 부정이 가득 찬 'No人'의 길로 갈 것인가? 지난 삶의 내공, 인생역전법, 성공방법을 스스로 실천하고, 공동체에 남기면서 'Know人'의 길로 갈 것인가? 이 또한 '양극화'의 길이다.

한 번 더 스스로의 '간절함'과 '헝그리 정신'을 다독여 시간 양이 짧은 것부터 시작해서 성취경험을 맛봐야 한다. 이것을 반복하는 '인생게임 Again', Go를 할 것인가?

인생은 끝날 때까지 끝난 것이 아니다.

늦었다고 생각하는 지금이 바로 남아 있는 가장 많은 '시간 양'이다. 빠르다. 스스로가 가진 남은 무기가 시간, 몸이라면 소중함을 더 알아야 하지 않겠는가?

똑같은 방법으로 하나, 둘 인생의 숙제를 해결하다 보면 인생 노후 존중받는 '노하우의 달인' 'Know人', '어르神' 소리를 듣는다.

멋진 인생의 황혼을 맞도록 주어진 시간 공간 '오너스킬'을 응용해 '존업(存Up)훈련' '존레벨업'으로 존재감을 높여 나가야 한다.

집중하다 보면 뇌가 각인하고, 뇌세포가 활성화된다. 고3 시절을 기억하고, 매일을 고3처럼 살라는 것이 아니다. 자신의 방식에 맞게 시간의 힘을 귀하게 알고, 정진하다 보면 방법과 길이 반드시 나온다. 법칙이다.

이상으로 한세상 태어나 인생역전, 인생주인답게 사는 훈련법, 응용법을 다양하게 남겼다.

인생 전반기에는 '외모'만 따라 주고 감각만 조금 따라주면 '멋있다'란 소리를 듣는다.

인생 후반기는 겉모습의 멋뿐만이 아니다. 역전하는 맛, 고통을 극복한 '내면의 멋'(내공)이 있어야 인생 후반기의 멋이요. 바로 '존중감'이다. 그 존중감의 '레벨업'은 바로 '자신(自身)'에 달려있다.

본문을 통해 다양한 측면으로 훈련방법을 남겼고, 훈련을 통해실제 그 결과를 만들었고, 사례들을 하나씩 남겼다. 자기계발서로서의 자극은 충분하다고 본다.

"한세상 멋~있게들 살다 다음 세상으로 가야 하지 않겠는가?"

살아온 시간도 경험도 경험한 바가 모든 걸 다 잘했고, 잘 겪었다고 자부할 순 없다. 지난 삶 보편적인 삶보다 다양하게 겪었었고, 시행착오와 성과 속에 그 이치를 깨치려 했고, 또 메모하고 '축약'하려 노력했던 삶이었음은 분명하다.

가능한 한 알기 쉽고, 지나고 나서라도 각인이 되도록 '궁극엔 고통의 삶이 바뀌어 나아질 수 있도록' 여러 관점과 시각을 다른 표현법으로 남겼다.

숫자로도 비유로도 다양한 언어로도 오늘의 '나(I)'는 모두 지난 내 삶의 결과요, 성적표다.

누구를 탓할 필요도 원망할 필요도 없다.

내가 가진 것은, 주어진 시간과 몸 상태(인간) 공간에서부터다.

궁극에는 내게 주어진 것으로 주어진 삶을 바꾸고 살 것인지? 살던 대로 살 것인지도 다 오늘의 내가 이 순간 이곳에서 결정한 것이다.

이 책은 그것을 돕고자 만든 것이다.

'오너스킬'을 참조해 하나씩 응용해 내 방식의 삶을 살아갈 것인지?
어제 같은 오늘로 살다 갈 것인지, 내 인생을 역전할 것인지, 여전할 것
인지는 각자의 이 시간 이후의 선택이다.

이 책을 덮고 내가 가장 간절한 '목표(Goal)'을 폰 메모장 혹은 일정표
에 명기 후 시작하라.

1달 후, 1년 후, 3년 후, 10년 후 다시 반드시 이 책을 다시 한번 펼
쳐 보길 바란다.

내 삶의 목표를 잃었을 때 다시 뒤적여도 좋다.

"나는 어떠한 삶을 살아가고 있는가?"
인생의 곳곳에 수많은 고통도 많지만, 그 고통을 극복한 고수들도
많다.

필자 또한 두 아이도 각기 다른 전문분야로 독립시켰고, 대한민국 '상위 1%'에 도달한 이후 물질만의 성장이 아닌, 나와 아내와 자녀의 동반성장도 '목표(Goal)'로 했음이요, 동시에 대한민국 공동체를 위한 납세의 주체다. 유지도 해야 함이고, 주어진 시간·공간·인간관계 그리고 본인의 건강관리도 염두에 두는 대한민국의 건강한 가족, 한 자연인이기도 함이기에 끊임없이 환경의 적응과 진화를 해야 하는 존재이기도 하면서,

《하트에너지》(2016) 충전법을 남기고 내 삶에 적용시키고, 실현시킨 결과물, 현재까지의 열매를 축약해 남긴 것이기도 하다.

7년 전, 출판시장의 양상을 경험해 봤고, 데뷔작임에도 베스트셀러라는 딱지가 붙어 있었기도 했었다.

물질성장의 관점에서만 본다면, 출판시장에 남기는 시간 양 대비 효율은 그다지 높지 않다.

상위로 올라간 사람들이 직접 쓴 방법의 전수도 드물다.

그럼에도 필자는 지난한 이 과정을 계속해 이어간다.

스스로 동기부여 하면서, 이 책을 남긴 이유를 몇 가지 요약한다.

첫 작품은 '재주'였다. 두 번 이상은 반복하는 '업'으로, 본문 속의 훈련법을 적용했다. '간절함'을 동기부여 시켰다.
'양극화'는 구조적 현상이다. 인생 후반기로 가면 갈수록 벌어진다.
역전 방법을 알면 특히, 운 흐름의 굴곡의 바닥에 처했을 때, 바닥 혹은 더 아래로 떨어지는 고통에서 반드시 벗어날 수 있다.
이 과정에서의 갖가지 변수, 시간활용 훈련법을 익혀야만 바닥을 통과할 수 있다. 실천하면 반드시 도움된다.

가정에선 아이들의 아빠로서 그들 또한 그들끼리의 경쟁과 도전과 시련과 성취를 고스란히 경험하고 있다. IT 기업 취업, 전문직 입학으로 1차 관문을 뚫었다. 또, 언젠가는 독립해 누군가와 가정을 이루고 '공존'하면서 살아갈 것이다. 좋은 시기도 나쁜 시기도 온다. '일'과 '가정'

과 인생여행의 성장과정이란 '공존해법'을 찾는 시기를 염두에 두고 남겼다.

후속작에 대한 스스로의 약속이다. 책으로서의 '반복(Repeat)'을 실천함이다.

유튜브 등 여러 매체로 바뀌는 시대다. 전반적으로 독서인구가 많이 축소되었다고도 한다.

들어서 익히는 것이랑, 읽어서 동기부여가 되는 것은 다르다. 각기 장단점이 다르다.

독서를 통해 동기부여를 받아 자신의 '내공'을 키우는 방식, 어떠한 시대에도 변하지 않는다. '독서'로의 문예 부흥을 향해 또 다른 고수가 더 나은 내공을 남기는 자극이 되었으면 한다.

잘나갈 때는 책을 잘 읽지 않는다. 인생의 굴곡을 맞았다 싶으면 '나(1)'를 돌아보라. 간간이 이 책을 뒤적여 보라. 처음에는 간과했던 단어, 표현이 새롭게 와 닿을 때가 온다.

이 방식을 응용한 제2, 제3의 오너스킬 응용서가 출간되어 스스로 주인답게 사는 방법서, 역전서 만드는 붐도 좋다.

《오너스킬(Owner Skill)》이 '자기계발의 르네상스'(Renaissance) 시대를 여는 촉매제가 되기를 바란다.

'나(I)'의 삶이 나아지려는 열정이 있는 주체에게 부족한 필력이나마 인생을 바꾸고 '인생(人生)의 주인(主人)'이 되는 데 도움이 되었길 바란다.

2023년 계묘년을 맞으며
문춘식(文春植) 배상

· 골고스리 훈련일지 ·

- 주어진 상황역전을 위해선 '성공'을 습관화, 습관은 반복되는 행동의 누적, 망각하는 인간속성 극복이 관건
- 성공의 '크기'는 작은 습관, 시간양의 누적
- 인생역전,반전을 위해 망각속성을 성공습관으로 바꾸고 내 의식과 내 몸에 '각인'시키기 위해 만들어진 공식

  (* 훈련경험이 없다면 '성공경험'을 몸에서 각인하기 위해 반드시 거쳐야 할 필수과정, 처음 목표(Goal)100일 훈련 한번을 거치면 그다음 목표(Goal)은 상대적으로 쉽게 도달됨. 법칙 · 지침 등은 본문 참조)

성공습관화 공식 & 훈련법

- 골(Goal) 〉 고(Go) 〉 스(Stop) 〉 리(Repeat)

- **200시간양**(하루 2시간×100일)
- ◉ **Goal**('간절한' 목표) :
- ◉ **Go**(출발일) :
- ◉ **Stop**(도착일) :
- ◉ **Repeat**(반복) :

새 목표 ➡ 출발 ➡ 도착

대한민국 '상위 1%'의 인생역전 지침서 & 훈련법

OWNER SKILL(오너스킬)

초판 1쇄   2023년 3월 15일

지은이   문춘식
발행인   김재홍
교정/교열   김혜린
디자인   박효은 현유주
마케팅   이연실

발행처   도서출판 지식공감
등록번호   제2019-000164호
주소   서울특별시 영등포구 경인로82길 3-4 센터플러스 1117호 (문래동1가)
전화   02-3141-2700
팩스   02-322-3089
홈페이지   www.bookdaum.com
이메일   jisikwon@naver.com

가격   15,000원
ISBN   979-11-5622-784-7 03190